SOUVENIRS

DU

FORT DE L'EST

— PRÈS SAINT-DENIS —

PARIS. — IMP. SIMON RAÇON ET COMP., RUE D'ERFURTH, 1.

SOUVENIRS

DU

FORT DE L'EST

— PRÈS SAINT-DENIS —

CARNET D'UN AUMONIER DE L'ARMÉE DE PARIS
1870-1871

PAR

L'ABBÉ JULES BONHOMME

VICAIRE A SAINTE-ÉLISABETH

PARIS
LIBRAIRIE JACQUES LECOFFRE
ANCIENNE MAISON PERISSE FRÈRES DE PARIS
LECOFFRE FILS ET Cie, SUCCESSEURS
90, RUE BONAPARTE, 90

1872

Ces notes données à la sollicitation de quelques amis et qui, dans ma pensée, leur étaient exclusivement destinées, ne sont pas une étude politique ou militaire, ajoutée à tant d'autres récits d'événements encore présents à tous les esprits.

Par mon caractère et mes habitudes, je ne pouvais me permettre d'aborder la question à ce double point de vue.

Retracer quelques-uns des faits dont j'ai été le témoin et auxquels j'ai pris une part très-modeste, fixer par des traits la physionomie des hommes et des choses que j'ai vus, traduire le sentiment du milieu dans lequel j'ai vécu, tel est simplement mon dessein. J'espère ajouter ainsi une page à la narration populaire de cette étrange épopée, le siége de Paris.

Si certaines appréciations ne semblent pas assez exactes, que l'on se rappelle la diversité de jugements portés sur les mêmes faits dans le temps où ils ont eu lieu. Ce que l'on rencontrera ici, c'est surtout l'impression du moment.

Quant à la forme de cet écrit, je prie ceux que ne la trouveraient pas assez sévère de vouloir bien l'excuser comme couleur locale.

En somme, c'est cinq mois de garnison que je raconte; mais j'ose croire, en me flattant peut-être, qu'ils n'ont pas laissé un mauvais souvenir de l'aumônier militaire à ceux avec qui il les a passés. Pour moi, je serais heureux que les pages où ils se reconnaîtront leur soient agréables.

Paris, 1er novembre 1871.

SOUVENIRS

DU FORT DE L'EST

I

MON ENTRÉE

Le 19 septembre 1870, jour tristement marqué
dans l'histoire du siége de Paris par le malheureux
combat de Châtillon, vers deux heures de l'après-
midi, je recevais, au ministère de la guerre, ma
commission d'aumônier militaire, avec ordre de
me rendre immédiatement à mon poste.

Le sort sans doute tout seul m'avait fait désigner
pour le Fort de l'Est. Comme la plupart des Parisiens alors, et probablement plusieurs encore aujourd'hui, j'ignorais la topographie des environs

de la capitale, et ne m'étant que très-peu préoc-
cupé du système des fortifications qui la protégent,
je crus pouvoir hasarder cette question : « Le fort
de l'Est... mais où est-il ? »

L'aumônier en chef de l'armée de terre qui
venait de me remettre mon titre ne s'attendait pas
évidemment à tant d'ignorance de ma part, car il
ne me sembla guère préparé à me renseigner. Il
jeta les yeux sur un plan de Paris, et, après avoir
cherché en vain dans la partie orientale de la carte,
il finit par constater avec moi que le Fort de l'Est
était au nord, et situé à la droite de Saint-Denis.

Je n'avais que quelques heures pour me munir
des objets les plus indispensables à ma nouvelle
position. En sortant du ministère, je traversai des
rues encombrées par les groupes formés autour
des échappés de la bataille du matin. Le canon
grondait toujours au midi. Paris était agité et inquiet. J'allai acheter au Palais-Royal ma croix ré-
glementaire d'aumônier de l'armée; je pris, à la
Belle-Jardinière, un caban pour les journées de
pluies, et, disant un dernier adieu à la Vierge de
mon église, je me fis voiturer à la porte de la Chapelle.

Là, il me restait à marcher environ une heure,

sous une voûte de poussière. Je rencontrais des ca-
ravanes de fuyards des villages envahis par l'ennemi. Heureusement bientôt un fiacre vint derrière
moi, et un monsieur fort poli, que je pris pour un
Américain, portant la casquette d'ambulance, m'of-
frit une place. Bientôt je sus qu'il était le pasteur
protestant de Saint-Denis. Depuis je l'ai rencontré
à plusieurs affaires, et j'ai toujours eu à me louer
de sa prévenance et de sa politesse.

Parmi le peuple que nous croisions, nous remar-
quâmes une pauvre femme éplorée. Mon charitable
phaéton la héla encore et la fit asseoir auprès de
nous. Elle cherchait son mari qu'on lui avait dit
parti à la maraude dans les champs, et qui avait
dû y tomber frappé d'une attaque d'épilepsie. On
voit d'ici notre trio : un pasteur protestant, une
femme, un abbé. Le cocher, en homme complai-
sant, menait sa haridelle en feston, tantôt à droite,
tantôt à gauche de l'immense avenue, et nous n'a-
vancions guère. Le malheureux ne fut pas retrouvé ;
mais le soleil avait disparu derrière le Mont-Valérien depuis longtemps quand je pus prendre le
détour de la route de Bondy pour arriver à desti-
nation.

Une ombre protectrice était descendue des bastions de la forteresse jusque dans les fossés et me dérobait aux regards curieux des sentinelles. Je m'introduisis sous la voûte d'entrée, et répondant aux soldats du poste qui s'informaient du but de ma visite, je demandai à parler au commandant supérieur du Fort.

On me désigna le pavillon de droite dans la cour, où des hommes de garde étaient assis sur un banc. L'un d'eux me dit : « Mon Dieu, monsieur, le commandant supérieur du Fort ne sort jamais; il court toujours. Il est ou dans la cour, ou sur les talus, ou dans les pavillons; il est partout et nulle part. Du reste, le Colonel est petit, le Fort est grand, vous risqueriez de ne pas découvrir l'un dans l'autre. Mais attendez un moment : il a une voix ! une voix !... je ne vous dis qu'ça. Si vous ne l'apercevez pas, vous ne tarderez pas à l'entendre. » En effet, au bout de quelques minutes, un bruit, un son, un timbre qui tenait de l'organe de l'homme et du clairon retentit à nos oreilles, et fait vibrer les murailles des casernes : « Planton ! planton !... où donc êtes-vous, trrrrrre ? » Je me dis à part moi : « Ce doit être le Colonel. »

Un homme de taille un peu inférieure à la moyenne, mais souple et ferme dans ses mouve-

ments, à la figure vraiment militaire, s'était avancé :
« Ah! monsieur l'abbé, dit-il, vous me surprenez
maugréant. Cela m'arrive assez souvent, il est vrai,
avec ce monde-ci. Que puis-je faire pour vous être
agréable? » Je déclinai mon titre et présentai le
pli qui le constatait.

Quand le Colonel se fut convaincu que j'étais
bien aumônier militaire du Fort de l'Est, ayant grade
de capitaine d'infanterie, il mit en branle tout son
monde pour qu'on organisât mon logement. Une
corvée fut commandée. Quatre hommes et un caporal parurent. Le premier portait trois planches,
qu'il rapprocha ; le second, un matelas épais,
comme la main ; le troisième, la couverture, et
le quatrième... ne portait naturellement rien.

Le bon capitaine Bruneau, commandant de la
place en temps de paix, qui me faisait une part
dans son logement, voulut ce soir-là aussi me faire
une place à sa petite table. Il était seul avec son
ordonnance, et depuis peu de jours il voyait sa
paisible retraite troublée par une garnison aussi
désagréable que nombreuse. Pendant que je man-
geais d'excellent appétit deux œufs de ses poules, il
m'expliqua en quelques mots sa situation, ses regrets de sa famille éloignée, et je sentis que j'aurai

là, avec un voisin, un ami. Puis il me laissa à mes réflexions. Je réfléchis que j'étais assez fatigué comme cela. Je remis ma mission sous la protection du ciel et j'essayai de dormir.

II

LA GARNISON — LES SOLDATS

« Ce n'est pas tout d'être entré au Fort, me di-
sais-je, et d'y avoir un appartement meublé, comme
celui-ci. Il va falloir me mettre en relation avec
les officiers et les soldats. Que va-t-il se passer ?
Quelle sensation mon uniforme va-t-il produire au
milieu des leurs ?... Et si j'ai affaire à des esprits
mal disposés ! Ma mission n'a rien d'agréable, bien
sûr, et de plus elle peut être inutile... Allons !
j'aurai fait une sottise de me lancer dans cette aventure... »

Telles étaient mes pensées. On comprendra que
mon sommeil manquât de continuité et de charme.

Cependant une aurore, à laquelle je répugnais
de prêter, en tel lieu, ses classiques doigts de rose,

pénétrait indiscrètement par ma fenêtre sans rideaux, et, dissipant les derniers rêves de mes théories, me jetait dans ma première journée d'action.

La diane répétée par les clairons de l'infanterie et la voix chevrotante des trompettes d'artillerie, sur des motifs différents, provoquait le premier appel. J'y répondis en me levant, et je vis alors, non sans une certaine satisfaction, que j'habiterais un fort très-respectable.

La cour formait un carré de cinq cents mètres de côté protégé par quatre énormes bastions. Des casemates ouvertes dans l'épaisseur des courtines présentaient leurs portes cintrées ; au fond, à l'opposé de la porte d'entrée, une caserne principale ou Grand-Quartier ; à droite et à gauche, deux corps de bâtiment, réservés aux divers services des officiers ; dans le milieu, le campement de l'infanterie.

Les tentes, de forme conique, ressemblaient à des ruches, et il s'en échappait des bourdonnements confus. Bientôt les fantassins de la ligne et les gardes mobiles de la Seine, qui en faisaient l'ornement, sortirent dans ces appareils variés et simples à la fois qu'autorise l'heure du réveil. Peu à peu les feux des bivouacs lancèrent leurs joyeuses spirales de fumée, et le café du matin chauffa. Puis la

toilette militaire s'acheva, puis les hommes se ran-
gèrent et répondirent : « Présent ! » à l'appel de
leur nom, en parcourant l'échelle complète de la
tonalité ; enfin on mit les armes en faisceaux, et
l'on rompit les rangs.

Voilà, me dis-je, le moment. Il faut saisir le
taureau par les cornes. En avant ! Je pris ma réso-
lution et mon chapeau, et je m'acheminai vers le
camp.

Le premier qui *me* vit de rire s'éclata,

comme a dit la Fontaine. Que pouvait vouloir, au
juste, cet homme noir ? Était-ce en vérité jour d'en-
terrement ? Telle était l'expression, sinon des paroles, du moins celle des physionomies du premier
rang. Je passai. Au deuxième, groupe de mobiles
qui me tourne le dos. Je continue. Mais, au troisième, d'une tente sort une voix qui me salue par
mon nom, et en même temps une main amie m'est
tendue : « Monsieur l'abbé, reconnaissez un de
vos anciens élèves ; nous sommes ici en nombre et
bien heureux de vous voir avec nous. » J'étais
sauvé. Je remerciai le ciel et ce bon jeune homme,
et je me laissai présenter aux camarades qui bientôt
me firent escorte.

Il devenait évident que je n'étais plus absolument le premier venu, et les visages se détendirent. J'expliquai en quelques mots le but de ma mission. Partager la vie, les peines, les dangers du soldat, et lui apporter des consolations sous diverses formes, voilà ce qui m'avait amené. A leur tour, les jeunes gens me renseignèrent sommairement sur le personnel de la garnison.

Dans la cour, à droite, un bataillon de gardes mobiles, familièrement nommés *moblots*; à gauche, un bataillon de soldats de la ligne, appelés *lignards;* sur les talus et parfois dessous, une compagnie du génie, ou *sapeurs;* sur les bastions, une batterie d'artillerie de marine dits *marins*, plus une batterie d'artillerie de mobiles, plus quelques artilleurs de terre, plus l'administration, y compris les employés de l'intendance ou *riz-pain-sel :* environ 2,500 hommes.

Toute cette population demandait de ma part une étude détaillée; je ne pouvais que parcourir rapidement le terrain, donner un premier coup d'œil et plutôt me montrer que voir.

L'aspect général de la troupe, il faut l'avouer, n'était pas absolument merveilleux. Notre pauvre armée française, follement menée à des combats inégaux, avait fondu comme cire entre les mains de nos généraux abattus. L'épouvantable désastre de Sedan lui avait porté le coup mortel. Le dernier corps sérieux était assiégé dans Metz. Ce que nous pouvions opposer aux troupes allemandes se ressentait fatalement d'une organisation précipitée, et tout faisait craindre que la valeur et le sentiment patriotique ne fussent pas suffisants contre un ennemi très-nombreux et admirablement conduit.

J'avais vu les mobiles de la Seine partant pour le camp de Châlons, un mois auparavant, et j'avais été péniblement affecté de leur air d'indiscipline et de désordre. Ils s'étaient calmés, mais leur tenue exigeait évidemment encore bien des efforts. Dans des jours où le sentiment du respect envers l'autorité s'est si considérablement affaibli, le gouvernement avait eu la maladresse d'abandonner à l'élection des soldats la nomination des officiers. De là, de continuels tiraillements, des refus d'obéissance non réprimés, des discussions inadmissibles et par suite l'absence d'unité dans l'action.

Le Parisien, soldat de barricades, est très-hardi, très-entreprenant, mais rarement il arrive à s'assouplir aux exigences de la vie militaire, et ne brille ni par son exactitude ni par ses mœurs. Fait

pour les aventures, il ne promet pas dans sa con·
duite habituelle ce qu'on lui verra tenir au moment
du péril, et ainsi il entretient dans l'esprit de ses
chefs une défiance qui les empêche de l'utiliser.

Les troupes de ligne que l'on avait réunies pour
la défense de Paris accusaient facilement leur for-
mation improvisée. Aux cent régiments que comptait l'armée au début de la guerre, on en avait
ajouté un nombre indéterminé à peu près égal qui
portait le nom de « régiments de marche », et dont
les numéros faisaient suite aux précédents. Créés
avec les débris des anciens et les nouvelles recrues
de 1870 dont l'appel avait été devancé, ils conte-
naient aussi des rappelés et des engagés, le tout
présentant la bigarrure d'un habit d'arlequin. Les
chiffres des képis, la présence ou l'absence des
épaulettes, la couleur variée des costumes, offraient
encore moins d'opposition que la figure même des
soldats. A côté d'un enfant de seize ans, peu apte
aux fatigues des camps, venait un barbon frisant la
soixantaine plus incapable de faire campagne. Si
l'on eût rompu le cercle des ennemis pour prendre
l'offensive, il fallait s'attendre à laisser en route
bien des traînards. Et pourtant, à cette heure-là,
le sens du patriotisme n'était certes pas oblitéré

dans l'ensemble. J'étais ému, en parcourant les rangs du 134e, de recueillir l'expression de cette fierté nationale, toujours un peu vantarde, mais bien consolante au milieu de tant de revers.

Après une rapide visite à l'ambulance, où il n'y avait d'autres blessés que quelques victimes d'imprudence, je montai sur le rempart, séjour interdit aux profanes et réservé aux corps spéciaux.

Ici tout avait meilleur aspect.

Rien ne me sembla plus actif et mieux discipliné que ces sapeurs, ouvriers de tout métier, et qui, se prêtant tour à tour aux rudes travaux des fortifications ou aux emménagements des casernes, méritaient pour leur arme le titre souvent répété de *génie bienfaisant*. Rien de gai et de ferme à la fois comme ces matelots, mis à terre pour servir quelques grosses pièces de bord ou diriger les cordages du sémaphore. Rien de solide comme ces artilleurs de marine dont la plupart avaient éprouvé le climat de nos colonies. Et jusqu'à cette jeune artillerie de la mobile, recrutée dans les bataillons de la banlieue de Paris, et déjà exercée aux manœuvres de siége, tout respirait le courage, inspirait la confiance.

Je jetai un coup d'œil charmé sur nos épais bastions qui se miraient dans les eaux profondes des fossés, puis sur la plaine, inondée en partie, qui nous séparait des lignes ennemies, enfin sur l'horloge du grand-quartier, qui marquait l'heure solennelle du déjeuner, et je me rapprochai du pavillon de l'état-major.

III

LA GARNISON — LES OFFICIERS

Une très-grave question, en effet, venait d'être résolue par la prévenance du chirurgien-major de marine, le docteur Jacolot, qui conquérait ainsi du premier coup des droits à ma reconnaissance.

Je m'étais dit que pour remplir ma mission spirituelle il fallait vivre, et je m'étais souvenu que pour vivre il fallait manger. Or, le Fort de l'Est paraissait totalement dépourvu de restaurants. Je ne le cache pas d'ailleurs, il m'eût été pénible de me faire servir dans mon coin, sachant trop combien le repas favorise les communications et quel merveilleux trait d'union c'est qu'une table. J'ai souvent plaint depuis tel de mes collègues en aumônerie qui n'avait pas eu la fortune de voir ainsi de près deux fois par jour une notable partie du personnel avec lequel il a vécu près de cinq mois.

Les officiers des différentes armes s'étaient divisés en quatre groupes pour leur *mess*, ou plus familièrement leur *popotte*. Selon les traditions, l'introduction d'un nouveau membre ne pouvait avoir lieu que sur la présentation de deux autres, et son admission qu'à la majorité des voix. Mais un convive de ma sorte risquait d'être écarté par des préjugés et par cet amour du sans-gêne que ma présence ne manquerait pas de contrarier. L'excellent docteur avait fait de la médecine préventive : le cas était résolu. Il m'avait présenté à mon insu à la table dont il faisait partie et j'étais reçu à l'unanimité.

Je ne pouvais être mieux partagé. J'étais avec les principaux chefs des corps d'élite.

Le Colonel gouverneur du Fort aurait présidé la réunion s'il avait pu se résoudre à mettre dans ses repas un peu moins de promptitude que dans toutes ses autres actions ; mais, pour éviter les lenteurs d'un service confié aux mains inexpérimentées d'un cuisinier et de trois ordonnances qui étaient nés artilleurs, il mangeait dans sa chambre.

Les convives réels étaient : le commandant de l'artillerie, auprès duquel j'eus l'honneur d'être assis, et qui se montra toujours pour moi d'une prévenance exceptionnelle; le capitaine commandant du génie, plusieurs capitaines d'artillerie de terre et de mer avec leurs lieutenants et sous-lieutenants, enfin le chirurgien-major assisté de quelques-uns de ses aides; en tout, une vingtaine de couverts.

Lorsque le froid inévitable produit par l'arrivée d'un étranger eut été dissipé dans les vapeurs du potage, l'aumônier ne sembla pas après tout si effrayant. Je vis que l'on s'entr'ouvrait, puis que l'on s'ouvrait tout à fait. On causa, et il me fut possible d'observer, et de compléter mes renseignements.

Nous étions compris dans la division de Saint-Denis chargée de la défense du nord de Paris dont l'action s'étendait sur un immense demi-cercle partant de la batterie de Saint-Ouen, et passant par la redoute de Gennevilliers, les forts de la Briche, la Double-Couronne, l'Est et Aubervilliers pour aboutir à Romainville.

Le commandement, à ce moment-là, en était confié au général Carrey de Bellemare, qui résidait à Saint-Denis, à l'hôtel de la sous-préfecture.

Nos officiers, comme leurs soldats, avaient été

2

ramenés à Paris de divers dépôts ou détachés
d'autres services. Plusieurs avaient fait les campagnes de Crimée, d'Italie, du Mexique ; presque
tous connaissaient l'Algérie ; quelques-uns tou-
chaient à l'âge de leur retraite.

Le commandant du Fort, le colonel Sentupéry, fils d'un militaire originaire de Tarbes, mais
né en Alsace, avait passé sa vie en Afrique et conquis ses cinq galons parmi nos fameux zouaves.
Ajoutez à ces conditions un tempérament d'une
vigueur et d'une activité exceptionnelles, il ne vous
sera pas difficile d'expliquer pourquoi, à l'époque
où d'autres songent au repos, notre chef marchait
aussi fort que jamais. Il avait fait sans doute une
telle provision de soleil, que le froid de l'âge ne devait pas le pénétrer de si tôt. Personne ne se re-
muait comme lui dans la garnison, personne, non
plus, ne pouvait songer à déployer une voix d'une
intensité semblable à la sienne, en sorte que, toujours vu ou entendu, il représentait le mouvement
perpétuel.

Il y avait bien des soldats que cette promptitude
de locomotion gênait quelquefois ; il y avait même
des officiers qui en éprouvaient quelque ennui,
surtout quand leur défaut de vigilance leur attirait

plusieurs jours d'arrêt ; mais la rancune était impossible contre le Colonel, pour qui le connaissait, parce que, s'il était sévére, il était juste ; parce que, modèle d'exactitude, il avait droit d'exiger cette vertu, enfin parce que, sous cette enveloppe roide, il portait un cœur excellent et un dévouement réel à ses amis.

Après le « grand chef », les officiers du génie venaient en première ligne, sinon dans l'ordre hiérarchique, du moins par l'importance de leur rôle dans la lutte entreprise. Admis au rapport général, où se discutaient les plans d'attaque et de défense, ils étaient un peu dans le secret des dieux, et c'était par leurs demi-mots, par leurs quarts de confidence, que nous, simples mortels, pouvions nous faire une idée de la méthode que l'on suivrait pour appréhender et occire le Prussien.

Du reste, il faut rendre cette justice à nos officiers du Fort, c'est qu'ils n'ajoutaient qu'une foi médiocre à l'infaillibilité des théories classiques dans la guerre actuelle. Aussi prêts que personne à affronter le danger, ils s'occupaient de leurs travaux plutôt en ingénieurs qu'en guerriers, et ils semblaient chercher à n'être militaires que le moins possible.

Les officiers d'artillerie de terre qui avaient commandé en Crimée se souvenaient du succès de Sébastopol, et, soit parti pris pour soutenir le moral de leurs soldats, soit illusion sur les progrès de la stratégie depuis quinze ans, ils attendaient avec confiance l'heure où l'ennemi se montrerait à six cent mètres du rempart. Leur principale occupation consistait à recevoir et à renvoyer successivement des fascines, des gabions, des poudres ou des projectiles, avec rapport à l'appui, constatant l'entrée, la sortie et le stock de ces engins et denrées. Il ne pouvait en être autrement d'ailleurs pendant la période d'investissement, consacrée à l'armement et aux préparatifs de résistance.

Peut-être, avec un peu de malignité, aurait-on découvert un certain antagonisme entre eux et les artilleurs de la marine. Dans tous les cas, les jeunes lieutenants fraîchement sortis de l'école polytechnique montraient une tendance à se défier des connaissances de leurs anciens dans le maniement et la portée des nouvelles pièces.

Je ne dis rien du corps des officiers de la ligne réunis dans un autre pavillon. Notre table n'avait aucun rapport avec la leur. Ce que j'en appris et ce que j'en vis me sembla un mélange assez peu fondu d'anciens chefs habitués à la vie monotone des garnisons et de jeunes sergents récemment arrivés aux grades supérieurs sans avoir encore tout à fait dépouillé l'allure ordinaire de la caserne.

Les officiers de la mobile, à l'exception de quelques détachés de l'armée pris comme instructeurs et qui tranchaient sur le reste de la troupe, étaient généralement de très-jeunes gens ; plusieurs venaient de quitter la robe pour l'épée. Ce qui leur manquait, ce n'était pas le courage assurément, mais l'expérience et l'autorité. Ils formaient une réunion bruyante, mais de bon ton, et les relations avec eux devaient être très-faciles[1].

Quant au service médical, il mériterait une mention à part. C'était le plus souvent avec cette *arme* que l'aumônier devait avoir des communications. La suite de mes Notes montrera ce qu'il fut pour le Fort, et, pour moi, je n'eus qu'à me louer de son accueil. A l'exemple du chirurgien-major qui m'a-

---

[1] J'aime à me rappeler principalement le commandant Royer, officier renommé pour sa bravoure dans la guerre du Mexique ; le capitaine adjudant-major Bassier, le capitaine de Laporte, le lieutenant de Châtillon dont je dis un mot plus loin.

vait tendu tout de suite une main amie, ses aides, charmants étudiants de Paris, tout de neuf habillés, me reçurent à cœur ouvert, et cette sympathie ne devait pas se démentir un instant.

IV

UNE ÉMOTION

Le 16e bataillon des mobiles de la Seine n'était pas exclusivement composé de ce que l'on appelle *la fleur des pois*. Il est vrai qu'il avait été cueilli dans les jardins de Belleville et de la Villette. Nous avions affaire, pour une partie du moins, au plus difficile contingent de cette troupe trop connue par son indiscipline aux camps de Châlons et de Saint-Maur et qu'il n'aurait pas fallu ramener dans Paris. Peut-être avait-on donné ceux-ci au fort de l'Est et au colonel Sentupéry dans l'espoir de les assouplir et de les rendre utiles encore au moment du combat. Il n'y avait pas d'ailleurs à hésiter. L'ennemi était là, devant nous ; il pouvait d'un moment à l'autre tenter une attaque ; les troupes de-

vaient rester groupées sous l'œil des chefs. L'intérêt particulier du bataillon et l'intérêt général de
la défense exigeaient sa présence continuelle au
casernement.

Or, cette vie cloîtrée s'accordait peu avec les
instincts et les habitudes de nos jeunes *moblots*.
Paris était en vue aussi bien que le camp prussien,
et le regard se tournait plus volontiers vers les
hauteurs de Belleville que vers les tranchées tracées par l'armée ennemie. Tous les prétextes que
l'esprit inventif du soldat met en avant pour se
soustraire aux exigences du service avaient été
épuisés sans succès. Le commandant du Fort demeurait imprenable. Tout au plus si, par la blâ-
mable connivence des sentinelles, quelques malins
parvenaient à se dérober de temps à autre à la sur-
veillance des officiers, et choisissaient pour franchir la porte le moment où ceux-ci fermaient les
yeux. L'ensemble en était réduit à se répandre en
invectives contre la rigueur du régime et s'élevait
dans son style jusqu'à comparer le Fort de l'Est à
Cayenne ou tout au moins à Mazas.

Le second dimanche qui suivit mon arrivée, un
magnifique soleil d'automne semblait provoquer les
soldats et les Parisiens à la promenade. Un nom-

bre considérable de parents, à tous les degrés, s'é-
taient dirigés vers la citadelle. Ces arrivants appre-
naient à leur grand dépit qu'il n'était point permis
de franchir l'enceinte, ni d'échanger une conversation avec la garnison. Ils continuaient à se masser
en arrière du chemin couvert. De l'extérieur s'élevait un murmure de voix féminines dont le diapason
s'enflait graduellement, et à l'intérieur des groupes
de mobiles, impatients de répondre aux rendez-vous
qu'ils avaient imprudemment donnés, ruminaient
un moyen de communication. La garde du poste
était confiée ce jour-là aux soldats de la ligne.
Donc pas d'espoir de corruption. La porte ne s'ouvrait pour personne.

Cependant le flot du dedans grossissait à l'envi
de celui du dehors : il semblait que la digue qui
les séparait menaçât de se rompre.

Soudain, cent environ des plus exaltés se préci-
pitent vers la voûte de sortie et veulent forcer le
passage. Le poste croise la baïonnette et les re-
pousse sans broncher. Alors, n'écoutant plus que
leur passion contrariée, ils se retournent furieux
en criant : « A nos fusils ! Chez le Colonel ! » et se
dirigent vers les faisceaux.

Le Colonel veillait. Ordre est immédiatement

donné à la troupe de ligne de se ranger dans la cour l'arme au pied.

Un conflit est imminent. En attendant que le sang français coule par le fer ennemi, faudra-t-il le voir répandre par des frères ?

Témoin de cette scène, je m'avance vers les plus furieux et avec le ton calme de la raison et l'accent de la sympathie : « Que prétendez-vous faire ? leur dis-je ; une révolte ! Mais c'est de la folie. Vous voulez passer par un conseil de guerre et être condamnés à mort ? Eh bien, je ne le veux pas, moi. Tant que je resterai au Fort, personne ne sera fusillé, ou nous verrons bien. — Mais, dit l'un, que mon air résolu ébranlait, mais, *mon* aumônier, c'est une infamie de nous tenir enfermés de la sorte !... » Je vis qu'ils argumentaient ; j'eus quelque espoir. Le brave commandant Royer s'approchait avec son capitaine adjudant-major, et ses bonnes paroles pesaient dans la balance du côté de l'ordre. « Retournez à vos tentes, mes amis, repris-je. Je vais monter chez le Colonel ; je tâcherai d'obtenir une concession, non pas pour aujourd'hui, il ne peut rien accorder, mais pour demain et les jours suivants. »

Je me fais annoncer chez le Colonel que je trouve

inflexible comme il convient à un chef devant la menace. Il continuait à prendre ses dispositions pour la résistance, et venait d'envoyer chercher le commandant d'artillerie pour lui enjoindre de charger à mitraille... Je plaidai la cause de mes jeunes égarés. Il m'opposa la consigne donnée et me relut l'ordre formel du général. Cependant, sur mes instances, il me promit d'en référer au rapport et de tenir compte de ma démarche.

Je revins auprès de nos mutins, qui furent sensibles à notre intervention, et, d'accord avec le chef de bataillon, nous organisâmes entre le Fort et les glacis un service de bagages dans les brouettes du génie. Des hommes de chaque compagnie voiturèrent ainsi le linge et les correspondances, ramenant d'autres lettres et d'autres paquets, au milieu des plaintes et des observations qui finirent pourtant par diminuer et expirer.

Le surlendemain des adoucissements étaient apportés à la consigne. L'honneur du Colonel était resté sauf.

Huit jours après cet incident, je revenais d'une excursion à la nuit tombante. De Saint-Denis au Fort j'avais rencontré des mobiles chargés de leur sac et de leur fusil, espacés sur le chemin, tantôt seuls, tantôt par pelotons, et je n'y avais fait aucune attention. Au moment où je franchissais la première enceinte, la sentinelle m'envoie en manière de Qui vive ! une grossière apostrophe. Je vais droit au petit soldat qui paraissait aviné et tenait mal son fusil. Je le prends au collet : « Eh bien, lui dis-je, qu-est-ce que c'est ? On ne me reconnaît donc pas ? » Il me regardait d'un air étonné. « Je suis l'aumônier du Fort ; j'habite le Fort ; j'ennuie peut-être le Fort, mais il faut que nous y vivions ensemble, et sans nous quereller. » Je n'avais pas l'intention de sermonner longtemps un auditeur imparfaitement disposé ; mais ce qui m'arrêta tout court, c'est que je lus sur son képi de mobile le numéro 13 !

On venait de changer le bataillon. Celui-ci était extrait de Vaugirard et Grenelle avec quelques atomes d'Auteuil et de Passy. Nous devions former avec lui les plus aimables relations [1].

---

[1] Le 13e bataillon des mobiles de la Seine nous donna de charmants officiers et des soldats très-distingués. Je citerai au hasard le capitaine Rousselle si aimé de ses camarades et de sa compagnie et si instruit ; les capitaines Tiran, Coupry, Bousquet ; les lieutenants d'Ornano, de Gaulle, Sabatier, et les deux frères Homolle, l'un chirurgien-major du bataillon, l'autre engagé à 17 ans.

Et pourtant je ne pus m'empêcher de regretter mon cher 16ᵉ de Belleville et la Villette, qui m'avait le premier accueilli et contenait d'excellents jeunes gens. Je le rencontrai bientôt par les rues de Saint-Denis dont il renforça la garnison. Presque tous me saluaient, plusieurs venaient à moi, me prenaient la main et disaient : « Nous vous avons quitté ; nous ne sommes plus prisonniers. Nous n'oublions pas que vous nous avez rendu service. Tenez ! nous nous serions bien entendus avec vous, *mon* aumônier. »

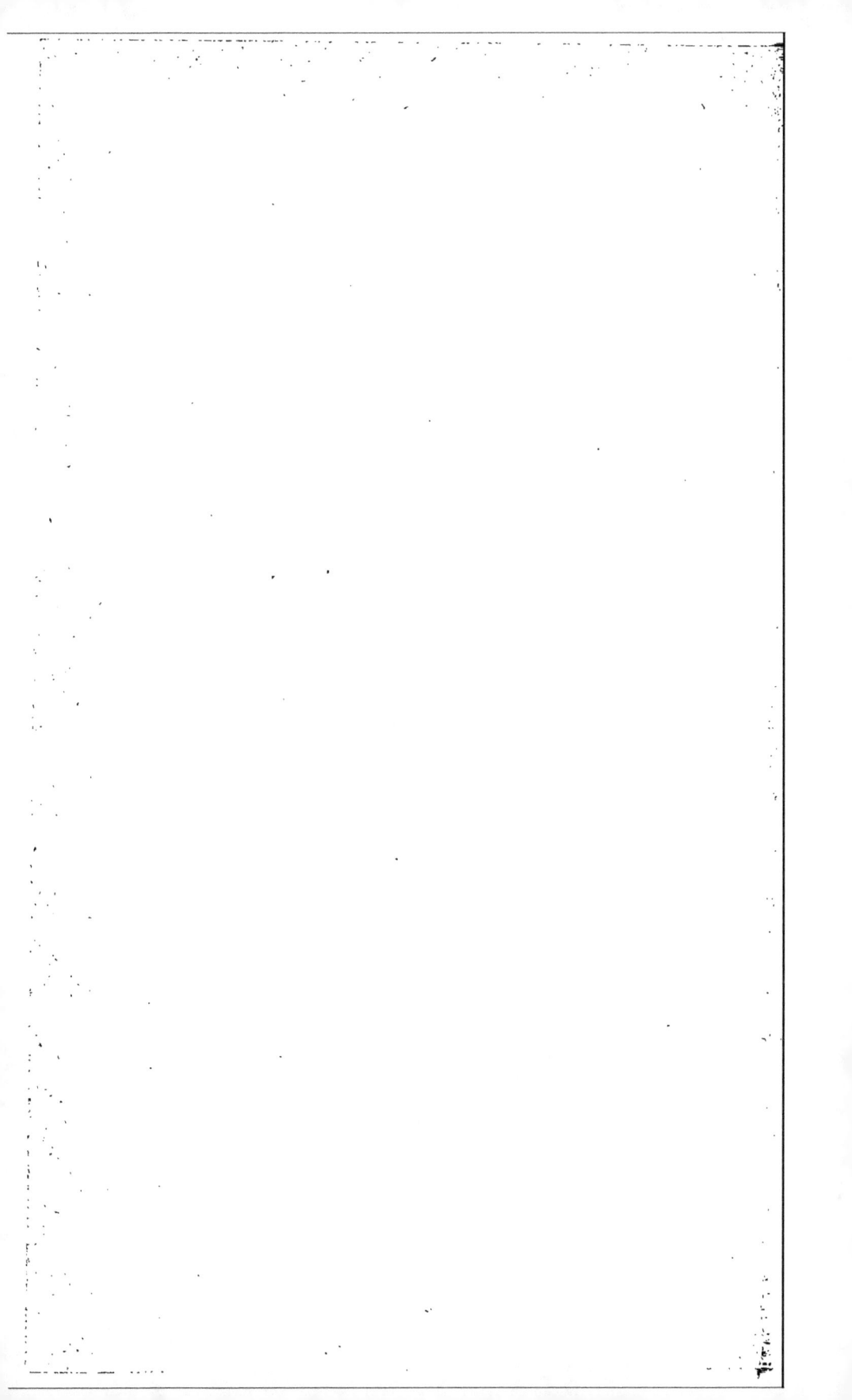

V

VIE QUE FONT LES ASSIÉGÉS

Messieurs les Prussiens, qui ont bien rarement tiré les premiers dans le cours de la campagne, paraissaient encore moins empressés à se ruer sur les forts et sur les remparts de Paris. Ils eurent peut-être tort. J'ai entendu dire qu'après Sedan ils seraient entrés sans coup férir. Non, ils nous attendaient et nous les attendions. De là, une situation tout à fait différente de celle que l'on supposait au dehors. Chacun des ennemis se fortifiait de son côté sans inquiéter l'autre; seulement, quand nous avions tout à faire, chez eux presque tout était fait, en sorte qu'ils étaient prêts bien longtemps avant nous.

Les deux armées fermaient hermétiquement les

passages par où l'adversaire aurait pu pénétrer. Dans ce système, il allait devenir à peu près aussi difficile aux assiégés de rompre les lignes des assiégeants qu'à ceux-ci de forcer les nôtres. Si une force du dehors ne venait pas contrarier cette attitude, le premier qui aurait faim devait céder.

Tout se réduisait à une question de vivres.

Les lettrés de la troupe qui aimaient à citer Boileau à leur manière, soutenaient que

L'ennui naquit un jour de l'uniforme *été.*

Ils grillaient de prendre les armes et de se mesurer en rase campagne avec le Prussien. Alors, autant pour tromper son ennui que pour étudier les opérations de l'étranger, on montait sur le rempart, et, à l'aide d'une lorgnette, on parcourait l'horizon.

C'était d'ailleurs, au soleil d'automne, un ravissant spectacle que celui dont on jouissait là comme d'un balcon. Sur la courtine, couvrant le front d'attaque, tout à fait à gauche, par-dessus le bastion n° 3, s'élevait la butte Pinson, position formidable qu'on n'avait pu garder, au pied de laquelle se montraient Pierrefitte et le Moulin de Stains, le premier tenu par les Prussiens, le second

par nos soldats. Puis, le village même de Stains et
son beau château, tour à tour résidence des Harlay
et du roi Jérôme Napoléon. La propriétaire actuelle,
Madame de Vatry, a dû être satisfaite de la justesse
de notre tir, car son habitation a été entièrement
ruinée.

En suivant au nord la ligne des coteaux, on
apercevait le bois d'Écouen, sur lequel tranchait
la flèche grise de Sarcelles et la blanche tour de
Villiers-le-Bel. Tout à l'horizon était suspendue la
petite ville de Gonesse, avec le parc d'atillerie de
l'ennemi, malheureusement hors de la portée de
nos canons.

En face, Garges, Bonneuil et Dugny, où l'on
voyait se promener et s'exercer quelquefois aux
manœuvres nos impassibles adversaires. Un peu
à droite, le Bourget, qui devait acquérir une si
triste célébrité. Enfin, Drancy et Bobigny dans le
lointain et à l'extrémité, par-dessus le bastion numéro 2, en achevant le cercle pour revenir à nous,
les forts de Noisy, Romainville, Aubervilliers et le
village de la Cour-Neuve.

La plaine comprise dans ce vaste périmètre avait
subi les travaux du génie ; les moulins et usines
situés sur les ruisseaux du Crould et du Rouillon

5

avaient été rasés et les eaux, refoulées par des bar-
rages, formaient à notre gauche un lac de plusieurs
kilomètres de longueur.

En avant de Dugny, auprès d'un bouquet d'arbres, deux hulans détachés d'un poste voisin mon-
taient la garde chaque jour. Fermes sur leurs chevaux, la lance au poing, le visage tourné vers nous,
ils se tenaient pendant trois heures dans une im-
mobilité agaçante. On eût dit deux statues éques-
tres empruntées à quelque musée d'artillerie. Il
fallait surprendre le moment où on venait les relever
pour se convaincre qu'ils n'étaient pas de bois ou
de carton. Souvent les sentinelles échelonnées sur
le rempart les regardaient avec dépit et cherchaient
à se rendre compte de la distance qui les séparait
de leur fusil.

Un des jeunes officiers du 16e mobile, le lieutenant de Châtillon, d'une témérité vraiment française, considérait aussi parfois les hulans et se
demandait comment on ne les délogeait point de là.
Un soir, s'étant muni du mot de ralliement et d'un
chassepot, il entraîne avec lui quatre hommes dé-
cidés de sa compagnie, quitte furtivement le Fort,
s'aventure dans la plaine, et s'approche à pas de
loup du poste ennemi. Parvenus à portée, nos cinq

tirailleurs lâchent leur coup. Deux ou trois hommes du poste sont démontés, mais les autres répondent, et l'un des mobiles a les deux cuisses traversées par une balle.

Le lendemain nous apprenions cette brillante équipée. Le lieutenant était mis aux arrêts pour l'honneur de la discipline militaire, et il montait d'un degré dans l'estime de ses chefs et de ses amis.

Quelques jours après, le Fort tira son premier coup de canon. Je me souviens de l'impression sin gulière que j'en éprouvai. C'était vers onze heures du matin, nous achevions de déjeuner. Un maréchal des logis vint prévenir le commandant d'artillerie que l'on apercevait un détachement de Prussiens à peu de distance. Le commandant réfléchit, ordonna de charger telle pièce sur tel saillant de tel bastion et sortit. Nous nous levâmes tous et montâmes au rempart. Les officiers de service cherchaient sur une carte le point topographique où nous voyions en effet une trentaine d'hommes embusqués derrière un petit buisson. Quand le calcul fut fait, on se disposa à pointer; mais les malins de là-bas avaient surveillé aussi notre manœuvre. Ils se mirent en marche sur une double file laissant un intervalle entre les rangs. La voix d'un lieutenant retentit :

« Pièce, feu ! » Coup formidable, nuage de fumée, sifflement horrible et un instant après le projectile soulevait la terre à quelques pas en arrière de la colonne qui prit une allure légèrement accélérée. On rechargea un second coup, qui frappa encore dans le vide. Au troisième, le cheval monté par le chef ennemi se cabra et renversa son cavalier. Était-il blessé ? Je ne pus le savoir. Mais je me surpris à partager la satisfaction des artilleurs.

Et voilà, me dis-je, comme la guerre nous a rendus ! Moi-même, homme pacifique par caractère et par mission, j'applaudis à un acte froidement cruel. J'étais tout à l'heure contrarié qu'il n'y eût pas un de mes semblables blessé ou tué. L'effusion de son sang m'aurait réjoui. Que m'ont-ils fait pourtant, ces malheureux étrangers ? Ils détestent peut-être dans leur cœur les ordres de leurs chefs. Arrachés, eux aussi, à leur famille, éloignés de leur pays, exposés à des fatigues inouïes et à une mort violente, ne sont-ils pas innocents de leur attaque ? Oh ! qu'elle est grande, la responsabilité de ceux qui poussent ainsi deux peuples à s'entre-déchirer ! Oh ! qu'il est dur et barbare, ce juge que choisissent deux rois pour vider leurs différends ! Ce sont les témoins de la querelle qui en deviennent les victimes.

Je descendis tout attristé.

Notre existence admettait quelquefois une interruption à son isolement. On venait nous visiter.

Quand un personnage de marque s'était fait annoncer, on pouvait saisir un ébranlement insolite dans l'atmosphère du Fort.

Dès le matin, la voix cuivrée du capitaine Bruneau, commandant de place, haranguait la corvée du balayage. Quelques branches coupées à l'extrémité des fascines déposées dans la cour, et rattachées par un rameau souple, formaient un système de balai d'une simplicité extrême. Mais il y avait, paraît-il, un idéal que nos jeunes troupiers ne se souciaient pas assez de poursuivre. Je surpris une fois de ma fenêtre ce dialogue entre le capitaine et les *chevaliers du balai*, qui, ce jour-là, étaient nos mobiles parisiens. « Le capitaine : — Ce n'est pas ça. Voici qui est trop long... voilà qui est trop court. Si on ne veut pas travailler mieux... — Un mobile : Dites donc, père, ç'ti là est-y assez gros? » Le brave capitaine se retourna, rentra sous son képi sa chevelure grisonnante et tordit son interminable barbiche. Au fond il avait envie de rire.

Quand il avait déposé son paletot pour revêtir l'habit à queue d'hirondelle et à revers rouges, nous étions certains qu'on attendait quelqu'un.

Le premier que nous vîmes fut le général de Bellemare. Il vint passer une revue. A midi, la garnison était sous les armes; l'infanterie en bataille dans la cour, les artilleurs à leurs pièces, sur les bastions, les officiers d'administration à leur dépôt d'approvisionnement, le corps médical sur la porte de l'ambulance en tenue de *dissection*. Le Colonel courait de la tête à la queue des lignes, envoyait sur le rempart un soldat signaler l'approche du cortége, et, grimpant lui-même par les talus, était arrivé plus vite que son envoyé. Tout à coup il pousse de toute sa voix un cri de : « Portez armes ! » que les Prussiens durent entendre. La fanfare résonne, le pont-levis est ébranlé, un groupe de militaires passe près de nous au galop, s'arrête brusquement devant la caserne et met pied à terre : c'est le général.

Je vis un homme dans la force de l'âge, au regard vif et prompt, à la barbe très-noire et très-soignée, portant la tenue de campagne la plus correcte et divisé à peu près également dans sa hauteur par d'immenses bottes jaunes. Il examina, réprimanda, complimenta, exhorta, remonta et s'en alla.

Cet officier était arrivé à son grade de bonne heure. Il représentait parfaitement le type du militaire français traditionnel. Chez nous on est brave et aimable ; il faut toujours un peu du jeune et beau Dunois. La voix est brève et menaçante dans le camp, elle se fait douce et insinuante dans le salon. Le général de Bellemare, qui s'était échappé de la capitulation de Sedan, nous quitta peu après la première affaire du Bourget (30 octobre), et plus tard commanda le centre à Montretout et à l'attaque du parc de Buzenval.

Nous eûmes alors à la tête de notre division le général Berthaut, qui visita aussi le Fort, et me parut d'un abord simple et bienveillant. Il reçut bien vite un commandement nouveau. Les trois corps d'armée de Paris ayant été remaniés, ce fut l'amiral de la Roncière le Nourry qui vint planter son pavillon sur les forts de Saint-Denis.

Les marins étaient à la mode. Il faut le reconnaître tout de suite, le prestige qu'ils exerçaient, ils l'avaient conquis par leur admirable discipline, leur entrain sans égal, leur courage héroïque et la distinction évidente du corps de leurs officiers. Seulement chacun a son faible : celui du marin consistait dans la manie d'aller à cheval. Or, on ne peut s'empêcher de trouver étrange l'aspect d'un matelot cavalier. Il semble qu'on voie réaliser ce

coq-à-l'âne, attribué je ne sais pourquoi à Male-
branche :

> Il fait en ce beau jour le plus beau temps du monde,
> Pour aller à cheval sur la terre et sur l'onde.

Le 14 novembre, l'Amiral et son état-major ac-
costaient le Fort de l'Est. Tous étaient perchés sur
leur selle, et, chose qu'on n'aurait point attendue,
plutôt que d'en descendre, ils gravirent la pente
des talus du rempart comme une caravane d'ex-
cursionnistes dans un sentier de montagnes, faisant ainsi le tour des courtines et des bastions. Si
nous eussions vécu au siècle dernier, les poëtes
n'auraient pas manqué de voir dans ce groupe sorti
du sein d'Amphytrite, Neptune et ses Tritons. Pour
moi qui eus quelque temps après l'honneur d'être
admis à leur table, je ne trouvai là que des mortels,
mais d'une incontestable supériorité. Malgré sa
haute position militaire, ses nombreuses campagnes,
sa vie entière d'étude et d'expérience, l'amiral voulait voir et écouter successivement chacun des officiers de son armée. Sa conversation, dont la
finesse n'excluait pas la clarté, était pleine d'observations intéressantes et ne perdait jamais ce ton

de bienveillance parfaite, qui est le cachet du vrai mérite.

Auprès de lui paraissaient quelquefois les généraux de brigade Henrion et Lavoignet, le général Ollivier qui commandait l'artillerie de marine; puis, dans sa résidence même, MM. Manin, l'hydrographe, Vignes, de Courcelles, de Villers, lieutenants de vaisseau, Charon, commmandant du génie, etc.

Nous reçûmes encore les personnages politiques du moment : le général Trochu, si diversement apprécié dans le siége, mais auquel les officiers reconnaissaient une instruction militaire hors ligne, une honnêteté et une loyauté sans égale. Tandis qu'il devait être accusé de trahison par l'unanime jugement de la garde nationale, il restera pour bien d'autres, dans l'armée, le héros de la défense de Paris, l'Hector de ce nouvel Ilion qu'il eût sauvé, si de fatales circonstances n'eussent amené sa chute.

> ..... Si Pergama dextra
> Defendi possint, etiam hac defensa fuissent.

Pour nous, au Fort de l'Est, il nous déclara imprenables, et nous dormîmes tranquilles là-dessus.

Nous vîmes le général Leflô, ministre de la guerre, un vrai revenant de 1848. Nous vîmes Arago, une bonne figure de père de famille, n'annonçant rien du tribun assurément. Nous vîmes Gambetta avant son départ en ballon. Il produisit un effet remarquable sur quelques jeunes esprits, par son air négligé qui fut qualifié d'austérité républicaine. Cet avocat avait un pantalon déchiré par en bas. Puis vint Ulrich de Fonvielle, à la barbe plus grande que lui. Puis, ce fut le tour des inventeurs qui possédaient tous un secret infaillible pour anéantir les Prussiens et créer leur propre fortune. Ils étaient renvoyés à l'Amiral, lequel leur accordait toujours audience. Quelquefois des artistes, comme le peintre Yvon et le sculpteur Carpeaux, parcoururent les bastions et cherchèrent peut-être dans l'aspect de nos préparatifs de défense de nouvelles inspirations, plus rapprochées de la *Prise de Malakoff* que du groupe de la *Danse* à l'Opéra. Du reste, on n'eût pas manqué de distractions sans la consigne sévère interdisant la porte à tant de Parisiens privés de spectacles, qui auraient payé cher un billet d'entrée à notre diorama militaire.

Le moment de nos longues journées où nous oubliions leur monotonie était celui du repas. Ce

n'est point assurément que nos festins eussent
la prétention de reproduire quelques traits de
l'antique ; nous ne tenions ni de Sardanapale, ni
de Balthazar, ni de Lucullus ; nous ne pouvions pas
même aspirer à réaliser quelqu'une de ces expériences ingénieuses proposées alors sous le nom
de *dîners de siége*, par les savants eux-mêmes [1].
Je l'ai dit, notre modeste service ne comportait
pas les plats de fantaisie, et nos artilleurs possédaient, j'en suis sûr, trop d'autres qualités pour
avoir droit à l'indulgence sur leur infériorité cu-
linaire. Dans le principe de l'investissement, la
consommation allait grand train ; on se donnait,
avec les vivres de campagne délivrés par l'Intendance, des suppléments de choux et de pommes de
terre extraits de la plaine abandonnée aux soldats.
Mais les meilleures choses ont leur fin. A partir
de novembre, il fallut s'en tenir à peu près au
cheval et au riz, variés par le riz et le cheval.
Quelquefois peut-être, entraînés par l'exemple trop
rapproché des mobiles qui risquaient de hautes
nouveautés, notre Vatel se permit-il d'introduire,

---

[1] Voy. entre autres l'abbé Moigno (*Univers*, novembre et
décembre 1870).

à la faveur d'une sauce douteuse, quelque viande exceptionnelle, comme le mulet, l'âne ou le chat. Je n'oserais pas affirmer qu'un pauvre petit chien, nommé Bilboquet, habitué à bondir autour de notre table et qui disparut tout d'un coup, ne soit revenu parmi nous sous une autre forme, un de ces soirs où, questionnant nos servants sur la nature du plat offert, nous n'obtenions que des réponses évasives. Dans les jours de gala seulement, quand on avait des invités, que l'on fêtait une promotion ou que l'on voulait tempérer les regrets d'un adieu, il était permis de servir le dessert, dont le reste du temps on était privé.

Ce qui faisait le charme réel de ces réunions, c'étaient les causeries parfois graves et instructives, souvent enjouées de nos officiers.

Les artilleurs de la marine et le chirurgien-major, qui avaient voyagé au long cours sous toutes les latitudes, nous captivaient par des descriptions ou des récits anecdotiques dont le laisser-aller augmentait l'intérêt. Les décorés de Crimée commençaient infailliblement par l'exorde connu : « Quand nous étions à Sébastopol.. » sur quoi on voyait un malin sourire effleurer les lèvres des jeunes sous-lieutenants.

Le dé de la conversation revenait ordinaire-
ment aux officiers du génie. Après que le lieutenant Delahaye avait tiré sa bordée de mots
pour rire, avec tout l'aplomb d'un vrai Parisien, le capitaine Tessandier poursuivait de ses
réquisitoires sarcastiques les mœurs de la déma-
gogie ou les excès du régime déchu. Au départ de
ce brave officier, qui alla commander les travaux
au Mont-Valérien et se distingua à la bataille de
Champigny où il fit le coup de feu, ce fut le tour
de parole de son successeur, le capitaine Kienné.
Celui-ci, profondément instruit, dessinateur, mu-
sicien et logicien, surtout d'une modestie et d'une
affabilité de caractère qui lui conquirent toutes les
sympathies, devait se montrer aussi intrépide
dans les combats et au milieu du bombardement
qu'il était aimable dans nos réunions. Adoré de
ses subordonnés, il est resté l'ami de tous ses camarades, et on pourra accuser le sort d'injustice
si, poursuivant sa carrière, il n'arrive pas aux
premiers grades de l'armée. Il excellait à réduire
à leur juste valeur les bourdes si fréquentes des
journalistes et à rabattre d'un coup les *canards*
servis par eux aux malheureux Parisiens. Tantôt,
il nous lisait ce trait d'un matelot qui, surpris au

Bourget par quatre Prussiens, plutôt que de se
rendre, s'était précipité dans la Seine et avait
regagné Saint-Denis à la nage. Or, la Seine coule
à huit kilomètres du Bourget. Puis, c'était le succès
de quelque illustre pointeur (chaque fort se donnait une célébrité en ce genre) qui envoyait à
quatre mille mètres un projectile sur la serrure
d'une porte pour ouvrir un passage. Une fois, on
avait signalé les effets merveilleux d'une pièce de
marine de 19, nommée *Joséphine*, placée au
bastion 40 sur les remparts de Paris. Il s'agissait
d'abattre un pont à une énorme distance. *Joséphine*
lâche un seul coup, mais un coup terrible et le
pont saute en l'air. Tous les journaux le répétaient
à l'envi. Justement, comme invité, déjeunait à
notre table un officier d'artillerie venant du bastion 40. Il nous apprit que le coup en question,
s'était écarté du but d'environ 500 mètres, et
qu'il avait d'ailleurs été tiré le jour qui précéda
la chute du pont, renversé tout simplement par
les pétards du génie. « Cette dernière observation
ne détruirait pas le fait, répliqua le capitaine
Kienné ; avec des pièces à si longue portée, il est
bon de tirer la veille pour que le projectile arrive le lendemain. »

Les discussions politiques, chassées par la porte du règlement, rentraient quelquefois par la fenêtre des circonstances. Les jeunes têtes s'échauffaient alors, et il fallait évoquer la lyre complaisante du capitaine Jung, pour apaiser les esprits.

Le capitaine d'artillerie Jung[1], Strasbourgeois, et en cette qualité mélomane, avait le privilége de ramener la gaieté, soit par des contes romanesques, soit par des chansons allemandes ou françaises, dont les convives devaient redire en chœur les refrains. Impossible de garder son sérieux, quand, armé en façon de guitare, d'un dossier de chaise cassée, avec une pose tragicomique, il entonnait de son accent alsacien le couplet tant de fois redemandé :

> Les canons qui vont à la guerre
> N'valent pas ceux du marchand d'vin ;
> Car les uns dépeuplent la terre
> Et l's autres banniss'nt le chagrin.

Pourrais-je oublier, parmi ceux qui trompèrent par leur bonne humeur les ennuis de notre captivité, l'aide-major Paul Richard, le régisseur obligé de nos innocentes récréations ? Nul ne savait mieux

---

[1] Aujourd'hui chef d'escadron.

concilier la proposition d'un supplément de consommation avec l'embarras causé par l'excédant de nos rations d'eau-de-vie. Dès qu'il s'était levé pour réclamer la parole, le silence se faisait sur toute la ligne. M. Richard a la parole. Après un exorde plaisant, le premier prétexte venu lui servait de confirmation oratoire et sa péroraison était infailliblement ainsi formulée : « Je demande un demi-punch ! » Les chants prenaient pour cette soirée la place des conversations, et l'homme au demi-punch remplissait les intermèdes par des fragments de scènes et d'airs empruntés un peu à tous les répertoires à la fois. Bientôt, sur quelque thème connu, toutes les voix ébranlées éclataient en un chœur formidable ; mais au plus fort de cet ouragan musical, la porte de la salle s'ouvrait brusquement et laissait apparaître... le Colonel !

La première fois, on hésitait à continuer ; la seconde, on se laissa persuader ; la troisième, on entraîna le survenant. Rien de comparable au fracas produit par un tel organe : les vitres en tremblaient et semblaient prendre part au concert.

Le jour de la Sainte-Barbe fut marqué par une chanson du capitaine du génie, qui reproduisait agréablement la situation.

Qui nous eut surpris au milieu des accès de cette belle humeur ne nous eût pas cru si rapprochés de l'ennemi et menacés d'un instant à l'autre des plus dures épreuves.

Le moment de la séparation venu, il ne nous restait plus qu'à essayer de dormir, malgré le canon que l'on tirait souvent du rempart pour déranger les travaux des Prussiens, ou malgré la fusillade qui crépitait aux avant-postes. Combien de fois, à ce dernier bruit, me suis-je levé par ces froides nuits d'hiver, et, quand j'arrivais au bastion, les feux s'éteignaient dans la plaine : ce n'était encore qu'une alerte !

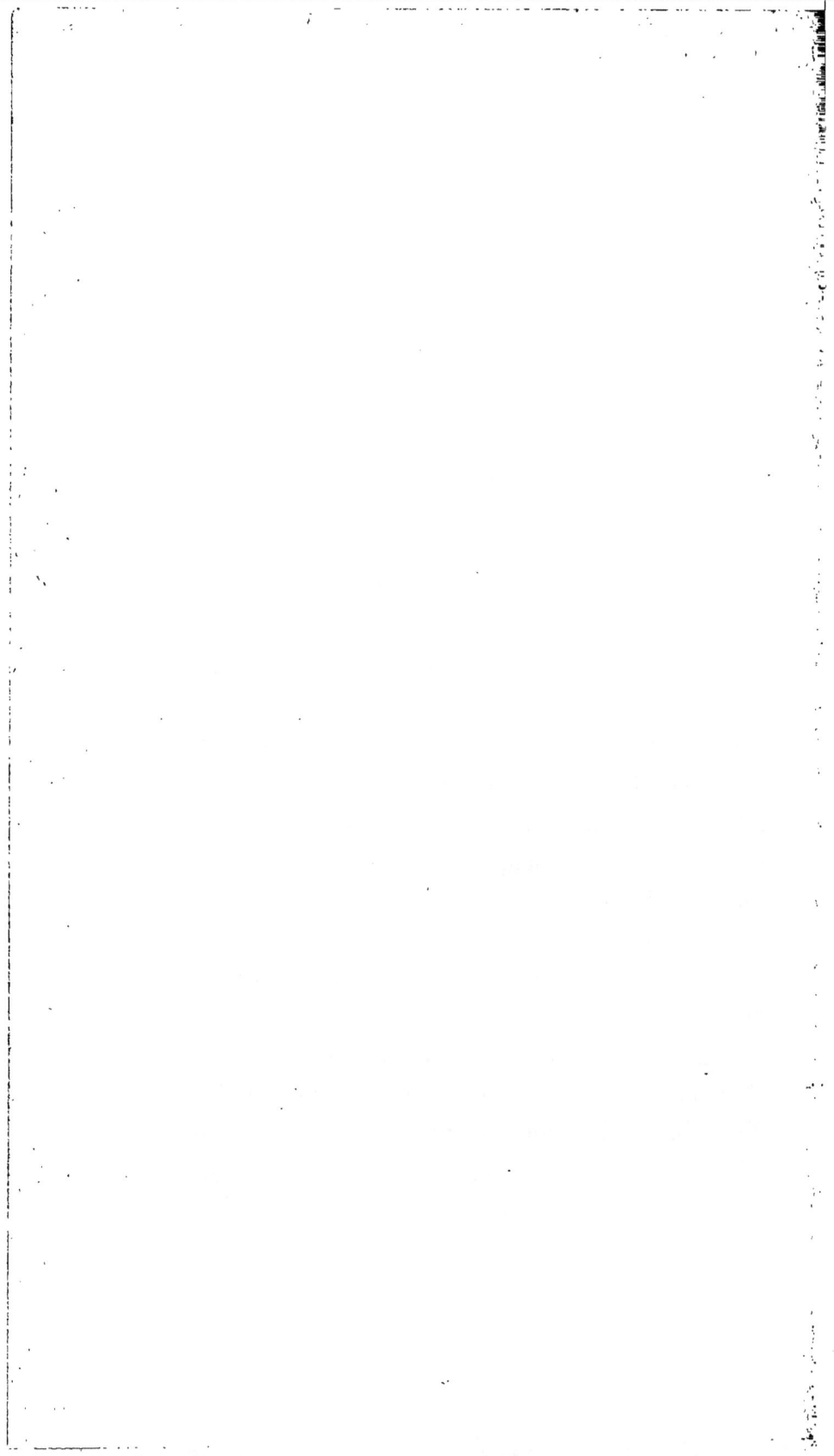

VI

LE COTÉ RELIGIEUX

Je commence à craindre que quelqu'un de mes lecteurs ne me taxe de légèreté, et ne s'imagine que ma vie au Fort était devenue par trop profane. Pour celui-là, je l'avertis qu'elle avait même un côté religieux; suivant le précepte du poëte, dans notre existence prosaïque nous passions du plaisant au sévère.

La mission de l'aumônier militaire en campagne m'avait toujours apparu comme très-différente de tout autre ministère religieux, et complétement subordonnée aux circonstances de lieu et de temps. Impossible ici de déterminer par avance l'étendue ou la forme des actes qu'il faut accomplir. Tandis que dans une paroisse de la campagne

ou de la ville, le prêtre convoque dans son église
à des heures réglées la même assemblée de fidèles
pour prier aux mêmes offices, entendre une prédication ou participer aux sacrements, l'aumônier
militaire doit se conformer aux changements continuels de la situation, semblable à un pasteur qui
suivrait son troupeau au lieu de le conduire.

Pour le siége de Paris en particulier, tout s'était
décidé assez rapidement sous l'impression de cette
idée que nous ne resterions pas longtemps bloqués
par l'ennemi, et que, grâce au concours des forces
du dehors, nous aurions bien vite repris l'offensive.
Le service de l'aumônerie avait été distribué avec
la même précipitation que le reste. On avait
nommé des aumôniers dans tous les forts et dans
toutes les redoutes qui existaient et même dans
quelques-unes qui n'existaient pas. Ainsi, pour
Montretout, par exemple, dont les premiers épaul-
lements de terre étaient à peine commencés quand
les travailleurs se dispersèrent sous le feu ennemi, il y avait un aumônier *in partibus* qui ne
parvint jamais à son poste.

Nulle hiérarchie d'ailleurs établie, nulle communication de la part d'une autorité quelconque,
nulle instruction tracée. Fallait-il se renfermer

dans l'enceinte de la forteresse, ou devait-on suivre les troupes dans les sorties? A chacun de nous
de résoudre cette question, et de se diriger selon
son inspiration. Aussi le service se faisait un peu
comme chacun l'entendait. Au moment des affaires, on ne manquait pas de voir arriver sur le
terrain, dans les voitures d'ambulance de n'importe
quelle catégorie, des prêtres de paroisse que les
soldats n'avaient jamais connus et qui, apparus
avec l'aurore, disparaissaient avec le crépuscule
du soir. Pour moi, je ne m'en plaignais point
assurément, et, persuadé qu'un nombre plus considérable de moissonneurs ne pouvait que hâter
les travaux, je voyais toujours avec satisfaction
ceux-là même qu'un sentiment de curiosité avait
amenés peut-être, mais dont la présence seule
était déjà d'un bon effet.

Il est inutile de dire qu'une de mes premières
occupations, en arrivant au Fort de l'Est, fut de
chercher où et comment je pourrais remplir mes
fonctions religieuses. Au-dessus de la porte d'une
des casemates, je lus le mot CHAPELLE. Mais, quand
je voulus y entrer, on m'apprit que ce lieu de
prière et de recueillement était converti en un
magasin d'approvisionnements pour l'artillerie.

Je retrouvai l'autel et le reste du mobilier dans les
combles de l'un des pavillons, et je sus que les
ornements avaient été portés à l'abbaye de Saint-
Denis par le curé voisin de la Cour-Neuve, qui
venait en temps de paix dire la messe le dimanche,
au Fort. Après avoir médité plusieurs combinai-
sons que je dus soumettre tour à tour au génie et
à l'artillerie, je restai convaincu qu'il n'était pas
possible de réunir les soldats au casernement, la
proximité de l'ennemi rendant les menaces d'at-
taques continuelles, ou bien la saison avancée et
rude ne permettant pas d'organiser une messe de
camp dans la cour. Je fus contraint d'engager
mon monde à aller, quand il serait libre, à l'église
de Saint-Denis, et c'est là que bientôt je donnai
rendez-vous pour les instructions.

Les autres forts de la circonscription n'étaient
pas mieux partagés que le mien, si j'en excepte
Aubervilliers. Sa vaste ceinture de remparts contenait assez de casemates pour en pouvoir livrer une
au zèle de mon excellent ami l'abbé Caillebotte,
qui se tirait toujours d'embarras, grâce à son in-
telligente activité, et avec lequel j'aimais à conférer.

Cette privation d'oratoire fut le côté pénible
de mon séjour ; il était difficile d'y suppléer.

Le matin, je me rendais à l'église canoniale de Saint-Denis pour offrir le Saint-Sacrifice. Sur la porte entre-bâillée je trouvais un vétéran de la garde nationale, qui tantôt présentait les armes à ma croix d'aumônier, tantôt me disputait le passage, suivant l'humeur inspirée par le petit vin du marchand d'en face. L'entrée était interdite au public. Ici encore l'administration militaire avait entassé dans la crypte des poudres et des projectiles et blindé le sanctuaire par-dessus. Le chapitre était dispersé. Deux vieux chanoines seulement, qui avaient bien voulu m'adopter pour ces jours-là, pénétraient dans la nef solitaire interrompant le silence du sommeil des rois.

Je ne pouvais me défendre d'une mystérieuse émotion en regardant toutes ces figures de bronze et de marbre dont les unes agenouillées, les mains jointes, semblaient prier pour leur pays autrefois glorieux, aujourd'hui abaissé, et les autres couchées sur leur mausolée paraissaient attendre dans le calme l'issue d'une lutte inégale. Quand un rayon de soleil traversait les antiques vitraux de Suger conservés à l'abside, cette phalange de rois, de reines et de guerriers, animait le lieu saint. Ils étaient les seuls assistants de la messe ; leurs

vœux devaient se mêler aux nôtres pour le salut de
la patrie, et l'accent de nos prières, renvoyé par
les sarcophages, nous apportait comme un murmure de leurs voix. Hélas! qu'était devenu le
temps où tout un peuple à la foi ardente, avant
d'affronter les batailles, venait ici même invoquer
l'apôtre de Paris et le protecteur de la France!
Aucun de ces héros ne se levait de son sépulcre,
aucun ne saisissait l'oriflamme sur l'autel dépouillé, aucun ne jetait aux échos le cri tant de
fois victorieux : Montjoye! Saint-Denis! Non, à
ma gauche reposaient Louis XII et Anne de Bre-
tagne, Henri II et Catherine de Médicis restaient
étendus sur le catafalque de Germain Pilon; à
ma droite, François Ier et Claude de France continuaient à prier sur l'entablement magnifique de
Philibert Delorme, et près de moi Frédégonde
grimaçait sur sa dalle tumulaire. Le temple tout
entier demeurait muet comme un vaste tom-
beau.

Et quand j'avais de nouveau franchi le seuil, sur
la place de l'église, je voyais une compagnie de la
garde nationale, sac au dos, prête à partir pour
relever un poste quelconque... du côté de Paris. Je
ne rêvais plus alors de moines, ni de chevaliers.

Je revenais à nos jours si tristes et je songeais à retrouver mes chers soldats.

Le dimanche, c'était dans l'église paroissiale que je disais la messe. Là, j'avais rencontré l'aumônier de la Briche, l'abbé Celles, et celui de la redoute de Gennevilliers, l'abbé Henri Gros, et tout de suite nous nous étions compris.

Venu de Saint-Ambroise, une des paroisses populaires de Paris, où le prêtre sent son ardeur continuellement excitée par la multiplicité même de ses travaux, l'abbé Gros apportait à l'armée les dons de l'intelligence et du cœur et, de plus, une qualité qui ne se remplace point, la jeunesse. Nommé à la redoute à peu près imaginaire de Gennevilliers, il demeurait en réalité à Saint-Denis, où il avait le projet (dans lequel j'étais mis de moitié) de réunir les militaires et de leur faire des conférences.

Un seul local pouvait convenir, l'église de la paroisse ; M. le curé la prêta de la meilleure grâce du monde et chaque soir nous fournit un brillant éclairage. Il ne fallut ni réclames ni affiches. Nos braves troupiers, qui promenaient par les rues leur oisive personne, affluèrent aux exhortations de mon jeune collègue que je secondais le moins mal possible. Tous ces grands artilleurs, tous ces zouaves barbus, mêlés aux matelots et aux soldats de la ligne et de la mobile, chantaient des psaumes et des cantiques sur des tons invraisemblables, mais avec une ravissante bonne foi. Puis ils écoutaient recueillis l'aumônier qui leur parlait de la famille absente, de la patrie en deuil, et de l'espoir que l'on fondait sur leur courage. Ils venaient réfléchir sur les devoirs du militaire et du chrétien, ils sortaient de là plus convaincus de la nécessité du respect envers l'autorité humaine et surtout du respect envers Dieu.

Ce ministère faisait germer de salutaires résolutions dans les âmes, et déjà on commençait à en recueillir les fruits. Les ennemis de la religion et de la liberté devaient en être mécontents.

Saint-Denis ne manquait pas, hélas! de ces libéraux égoïstes qui suppriment volontiers chez les autres tout droit à ne pas penser comme eux. Les réunions du soir leur déplurent. Ils vinrent insulter à leur sortie nos bons auditeurs et les poursuivre de leurs stupides huées. L'abbé Gros me demandait parfois s'il ne fallait pas se plaindre à l'autorité locale de cette violence. Mais je regardais comme inutile une démarche auprès du général qui ne voulait pas s'en mêler, et auprès du maire qui avait récemment arrêté le renvoi des Frères et des Sœurs de charité des écoles de la ville. Qu'espérer, dans une question de liberté de conscience, du magistrat qui trouve juste d'enlever aux contribuables chrétiens les maîtres qu'ils ont réclamés pour leurs enfants, et qui ne s'aperçoit pas de l'acte tyrannique dont il s'est rendu responsable par cette exclusion? Si le clergé exigeait pour lui le monopole de l'enseignement communal, on devrait taxer ses prétentions d'injustice; comment faut-il qualifier alors le parti pris de ces hommes qui veulent imposer partout et toujours l'instruction laïque, obligatoire?

Nous fîmes de la patience à outrance. Mais le lundi 31 octobre, jour de la répétition générale de la Commune de Paris, lorsque l'Hôtel de Ville était envahi, et que le drapeau rouge s'essayait à flotter sous le vent révolutionnaire, Saint-Denis éprouva le choc en retour de cette décharge électrique et notre modeste réunion eut l'honneur d'en être l'objectif. Des gardes nationaux de la localité, des mobiles parisiens et quelques soldats égarés pénétrèrent dans l'église au moment où les prêtres et les fidèles se préparaient à la fête de la Toussaint, proférant des cris insensés et des menaces contre le

clergé qu'ils accusaient de vouloir *encapuciner*
notre belle armée. Le Curé et ses Vicaires subirent
des avanies dont nous étions désolés. Du milieu de
cet affreux désordre, un mobile, plus érudit que
les autres sans doute, monta dans la chaire pour dé-
clarer, en vertu de ses études spéciales sur la ma-
tière, que toute religion et tout culte devaient être
considérés comme des sottises, et qu'il n'y avait
point de Dieu.

Cette scène fut digne de ses auteurs. Elle s'était
accomplie au nom de la Commune qui, peu de mois
après, devait laisser bien loin ces essais timides du
régime dit populaire.

Il fallut renoncer à nos conférences.

L'abbé Gros, justement affligé, protesta par une
lettre au Maire qui parut dans les journaux et se
retira ; je le suivis de mes regrets et de mon affection. Dieu fut satisfait de ses efforts et lui accorda
la récompense qu'il estimait le plus, celle du mar-
tyre. Deux mois après, le 27 décembre, il était tué
par un obus prussien, sur le plateau d'Avron, au
milieu des mobiles du 6ᵉ bataillon de la Seine, qu'il
accompagnait comme aumônier volontaire.

Je n'oublierai pas qu'un jour de bataille, plusieurs soldats vinrent me demander des nouvelles

de ce *bon petit Père*, qu'ils n'avaient plus revu depuis les conférences de Saint-Denis, et quand je leur eus dit comment il était mort, je vis des larmes dans leurs yeux.

La mission religieuse au Fort ne pouvant comprendre des exercices publics, il fallait essayer par une action latente, mais continue, de faire pénétrer les sentiments chrétiens dans les cœurs. Pour cela, il me parut qu'une bienveillance voisine de la familiarité était commandée. Les soldats devaient pouvoir connaître de près l'aumônier, exposer devant lui sans crainte leurs peines matérielles, réclamer son entremise pour obtenir quelque adoucissement, compter sur sa discrétion pour couvrir les petites faiblesses auxquelles le juste lui-même succombe chaque jour. L'aumônier rentré dans sa chambre, après la messe à Saint-Denis, donnait audience. C'était le moment où les fidèles de la garnison savaient le trouver. Il y avait parmi tout ce jeune peuple, si léger d'allure et de langage, plus d'une âme dans laquelle les principes chrétiens conservaient leur empire. Bien des soldats de la ligne venus de la province, des marins bretons, et même des mobiles de Paris, surtout dans le 13e bataillon qui se ressentait de l'influence du collége des

PP. Jésuites situés dans le quartier Vaugirard, choisissaient leur temps pour remettre leur conscience en règle devant Dieu. Parfois un de ces bons jeunes gens m'amenait un camarade, fortement recommandé, et qui, disait-il, en avait grand besoin.

C'est alors qu'après les exhortations je plaçais un petit souvenir de la visite, la médaille que je ne croyais pas pouvoir jeter au hasard et en masse, malgré le succès facile de ce genre de prédication. J'avais été le témoin des illusions que l'on se crée à ce propos, et je ne prétendais pas compter les conversions dont le Seigneur pourrait me rendre l'instrument par les centaines de chapelets et de médailles que j'aurais distribuées.

Dans la journée je visitais l'ambulance, où l'on était toujours bien reçu. Les gens qui souffrent et sont séquestrés de la vie active s'ennuient. Ils ont une disposition naturelle à vous accueillir et à vous écouter; ils sont sensibles à la plus petite attention. J'essayai de prendre ma part de l'affection qu'ils portaient à leur chirurgien-major. Je l'accaparais, et nous finissions par causer si souvent ensemble que les soldats nous appelaient *les inséparables*.

Il existait encore bien d'autres endroits et d'au-

tres moments où le ministère du prêtre trouvait sa
place. Que de confidences reçues dans une promenade, à l'ombre de la muraille des casernes ou en
quelque angle des bastions! Combien de fois, avant
le départ de nuit pour les grand'gardes, où l'on
était exposé à des engagements avec les tirailleurs
ennemis, l'aumônier devait-il accorder un entretien
secret!

Je ne dis rien enfin de ces mille occasions, cher-
chées ou rencontrées involontairement, dans lesquelles le rapprochement s'opère entre le militaire
et le clergé, où les préjugés s'effacent et dispa-
raissent, où l'affection de l'homme conduit à celle
du caractère, et d'où l'on sort plus chrétien sans
le savoir.

Je craindrais de dépasser les limites de la discrétion, en un sujet qui l'exige par excellence, si
je mettais, à la place de ces vagues indications,
des noms ou des faits. Mais je suis sûr de ne pas me
tromper en affirmant que le séjour de l'aumônier
au milieu de l'armée, même dans ces conditions
en apparence bornées, opère et surtout prépare un
véritable bien.

VII

A mesure que la saison d'hiver s'avançait, il devenait plus dur pour les hommes de l'infanterie de
coucher sous la tente dans la cour, et puis, au premier obus qui viendrait à tomber, où se réfugier?
Le génie avait dû parer à cet inconvénient. Le premier étage du grand-quartier avait été blindé, c'est-
à-dire couvert de fascines liées en longs rouleaux
nommés *saucissons*, chargées d'un mètre environ
de terre. Des abris, en forme d'auvent, s'adossaient
aux murs des casernes et d'une des rangées de
casemates; enfin dans l'axe de la cour se prolon-
geait une galerie à deux versants, le tout garanti
par le même système de blindage. On avait suivi
dans ces travaux les données réglementaires, et il

5

fallait se persuader que les soldats étaient là-des-
sous protégés contre les rigueurs de l'hiver et la
chute des bombes. Hélas ! nous les voyions grelotter
le jour, et nous les entendions se lever la nuit, et
battre la semelle comme des écoliers pour se réchauffer : heureux encore s'ils avaient été défendus
par leur toiture contre la force prodigieuse des
nouveaux projectiles !

La garnison ne demeurait pas tout entière à la
fois dans le Fort ; elle fournissait un nombre d'hommes à certains postes avancés. De là pour moi l'occasion de promenades qui, dans les commence-
ments, étaient en même temps hygiéniques et
agréables, et plus tard, par l'hiver rigoureux dont
nous fûmes assaillis, offrirent autant de rhumes que
de désagréments.

Les deux principaux points défendus par nos
troupes étaient le Moulin de Stains que l'on garda
toujours, et la Cour-Neuve où l'on soutenait les
Francs-tireurs de la Presse.

Au Moulin de Stains, les occupations variaient
peu. Une partie des mobiles placés en sentinelles
derrière des barricades, des murs de jardins crénelés ou la chaussée du chemin de fer, surveillaient
les vedettes prussiennes, et jour et nuit échangeaient

avec elles des coups de fusil à peu près inutiles.
Une autre partie se livrait à l'extraction des légumes,
surtout des pommes de terre qui, sous plusieurs
centimètres de neige durcie, devinrent introuvables.
Le reste du détachement allumait des feux et jouait
au bouchon. L'ennemi était très-rapproché. Du Fort
on apercevait les sentinelles extrêmes des deux
camps, séparées à peine de quelques mètres sans
se voir. Aussi y avait-il bien de temps à autre des
soldats tués ou blessés isolément. Quelquefois, par
contre, profitant de l'éloignement des chefs, on se
faisait des signes d'intelligence ; puis des deux
côtés on quittait le fusil, et les Allemands articulaient
quelques mots sur la longueur de la guerre, offraient de leurs éternels cigares ou de leur incom-
mensurable saucisson, jusqu'à ce que le sous-offi-
cier survenant leur fît un geste terrible et criât à
nos mobiles : *Redirez-fus ; il est téfendu de baser
là*.

A la Cour-Neuve, c'était un bataillon de la ligne
qui stationnait d'habitude. Mais dès le commencement du siége, ce poste avait été confié aux Francs-
tireurs de la Presse. Hélas ! les maraîchers qui me
paraissent en grande partie former la population
de ce pays auront eu bien de la peine à reconnaître

ce qu'ils y avaient laissé. Quand j'arrivai au Fort de l'Est, au mois de septembre, le feu dévorait déjà plusieurs maisons, entre autres la ferme de la Tourterelle et la jolie villa du général Schramm. Mettons que c'était pour les nécessités de la défense. Non-seulement ce qui pouvait rester de mobilier dans les habitations disparut, mais beaucoup de toitures furent enlevées ainsi que les portes, les volets et les parquets, en sorte que, plus tard par les froids de décembre et de janvier, il fallait achever la démolition pour se procurer un reste de bois. Heureusement pour les auteurs de ces opérations que, dans les derniers jours, les Prussiens ont bombardé le village! J'aime à croire que les paysans de la Cour-Neuve attribueront ces tristes résultats de la guerre uniquement aux obus ennemis. L'artillerie qui tient de la foudre a des effets si bizarres!

Il m'en coûte de jeter un blâme sur certains actes d'une partie de l'armée de la défense; mais enfin on n'est pas parfait, et puis je sais que les chefs les ont condamnés les premiers. J'en demande pardon à ce brave et courtois commandant Roland, aimé de tous, et seul capable de mener aussi bien au feu son difficile bataillon, qui, après avoir eu la douleur

de perdre son jeune fils par suite de blessures reçues à Champigny, risquait sa vie au Bourget. Je
le regrette pour les hardis officiers qui l'entouraient
et pour les hommes de cœur qui se rencontraient
dans cette troupe ; mais, entre nous, il faut convenir
qu'elle laissait quelque chose à désirer. Je veux bien
passer au compte des jours rigoureux que l'on
traversait les combustions de l'hiver, mais les incendies de l'automne ? mais cette pauvre église de Saint-
Lucien dont chaque autel fut mis en morceaux, chaque statue mutilée et décapitée, chacun des dix-sept
tableaux, ornements des nefs, lacérés à coups de
baïonnette ? Mais ces grossières parodies des cérémonies sacrées, ces dégoûtantes inscriptions
déposées le long des murs ? Tous ces faits, repro-
duits bientôt après sur une plus grande échelle
pendant le règne de la Commune, ne sont-ils pas de
sa famille et n'en aura-t-elle pas réclamé les auteurs
pour les légitimer ?

Je n'ignore pas que la Cour-Neuve n'est qu'un
point dans l'espace autour de Paris. J'ai vu un peu
plus loin Drancy, entrevu Bobigny, Crève-Cœur,
Aubervilliers, et sur l'autre côté de notre circonscription, Villetaneuse, l'Ile-Saint-Denis, Villeneuve-
la-Garenne, dont les dévastations m'ont paru assez

réussies, bien que les Francs-tireurs ne les aient
pas occupés ni les Prussiens non plus. On a attribué
des faits analogues aux mobiles et même aux lignards. J'ai entendu raconter par des gardes nationaux des exploits du même genre que leurs bataillons ont accompli pendant leur séjour à Nogent. Trop souvent d'autres auront recueilli comme
moi durant le siége cette douloureuse hyperbole ar-
rachée par la colère aux propriétaires ruinés, qu'il
valait mieux, dans l'intérêt de sa maison abandonnée, y avoir logé des Prussiens que des Français[1]!...

N'insistons pas et ne nous donnons pas tort. Je
désire me borner à parler de ce que j'ai constaté de
mes yeux, et je sais trop combien il est facile d'irriter les auteurs de ces désordres en les leur rappe-
lant, quand ils les ont presque oubliés, pour m'exposer à cet ennui, si je m'aventurais au delà des
contours de mon cadre restreint.

Ce qu'il y a de malheureux dans la guerre, c'est
la promptitude avec laquelle on se laisse aller à dé-
truire. Rien n'est plus glissant que ce penchant-là.

---

[1] Je ne peux parler ici du paysan qui en province a fait
meilleur accueil à l'ennemi qu'à ses compatriotes : il s'agit
des villages aux environs de Paris.

Sur un soupçon de la présence de l'ennemi, on sa-
crifie les constructions les plus importantes ou les
plus utiles, et rien n'appelle plus la ruine que la
ruine elle-même. Le soldat devient pillard sur son
propre terrain, en sorte qu'il importe fort peu à la
fin à l'habitant d'avoir reçu la visite de l'un ou
l'autre parti, trop heureux quand il ne les a pas eus
tous deux.

On me racontait qu'à l'un des forts situés en
avant de Vincennes, des dames ayant été admises à
regarder du rempart dans la campagne furent dé-
sireuses de jouir de l'effet d'un coup de canon.
Pour leur être agréable, qu'il y eût ou non des
Prussiens, on pointa sur le château superbe de l'un
de nos grands industriels. Les artilleurs font mer-
veille, et l'obus à son tour, comprenant probablement devant qui il a l'honneur d'éclater, remplit
son rôle jusqu'au bout et incendie l'habitation...

Quand décembre eut étendu sur la plaine devant
nos yeux son épais tapis de neige et que le thermo-
mètre se fut passé la fantaisie de descendre à 13
et 14 degrés de froid, la vie des pauvres soldats aux
avant-postes ne me parut offrir aucune de ces sé-
ductions qui poussent le Parisien à rêver de la campagne. Mal vêtus, plus mal nourris, obligés de

creuser des tranchées pour se protéger contre les
obus et les balles, ces malheureux imploraient
souvent un jour de bataille dont ils étaient prêts à
subir les hasards comme une solution à leurs ennuis
et à leurs peines.

Pour les consoler, la petite presse qui était souvent forcée de vivre de récits plus ou moins vrai-
semblables leur peignait l'armée ennemie comme
réduite à l'extrémité. Les Allemands étaient exténués. Ils manquaient même de choucroute. Leurs
habits tombaient en loques. Ceux que le typhus
épargnait mouraient du scorbut, et ceux que le
scorbut ni le typhus n'avaient emportés s'entre-
tuaient du matin au soir. De temps en temps on entendait des feux de peloton dans leurs lignes : on ne
tarderait pas à voir arriver le dernier de ces infortunés, échappé seulement au massacre pour avoir la
satisfaction d'en apporter la nouvelle.

Cependant, lorsque l'on amenait quelques prisonniers, la foule étonnée apercevait des hommes frais
et dispos, bien chaussés, chaudement vêtus, qui ne
parlaient que de l'entrée prochaine de leur armée et
du plaisir qu'ils auraient ensuite à revoir la blonde
Germanie. J'en vois encore un qui fut pris, en avant
d'Aubervilliers, par des mobiles parisiens. C'était

un de ces soldats énormes de la Poméranie ou du
Brandebourg formant en partie la garde impériale
que nous avions en face. Six ou sept mobiles l'entouraient. L'un portait en bandoulière le fusil
Dreyse, qui venait lui battre les mollets; l'autre
cherchait en vain à maintenir autour de sa taille le
ceinturon trop large du sabre : tous s'efforçaient
de suivre les pas du prisonnier. L'Allemand marchait dédaigneux et fier, les dépassant des épaules,
et ne s'arrêtait que pour rallumer sa pipe. On eût dit
Gulliver, mené par l'armée de Lilliput.

Durant la dernière partie de la campagne, où
tout conspirait pour notre perte, par un temps rigoureux que rien ne paraissait capable d'adoucir,
les soldats, obligés de passer la nuit dans les tranchées, supportèrent de véritables tortures. Plusieurs
tombaient privés de sentiment, à peu près gelés,
et il fallait chaque jour que des voitures des ambulances vinssent les relever. Ce service était fait
avec beaucoup de dévouement par les diverses
associations formées dans ce but, qui furent durant
le siége les auxiliaires indispensables de l'Intendance. Je crois même que l'accessoire l'emporta
de beaucoup sur le principal, et que sans la créa-
tion de ces sociétés, heureuse inauguration de l'ini-

tiative privée dans notre pays de centralisation et
de bureaucratie par excellence, le secours apporté
à tant de misères eût été complétement dérisoire.

A côté de l'Association internationale et des diverses sociétés belge, suisse, américaine, italienne,
s'était constituée l'ambulance de la Presse, admirablement organisée. Nous la voyions, du poste établi
à Aubervilliers, remplir avec la plus louable per-
sistance ce ministère quotidien de la visite aux
tranchées, et des centaines de soldats que le froid et
non le feu aurait tués lui doivent la vie. Pourvue
d'un ·matériel considérable en chevaux, voitures,
literie, elle comprenait un personnel plus considérable encore. Le comité directeur, composé d'hommes connus dans l'art médical et dans le journa-
lisme, siégeait aux Tuileries même et faisait fonc-
tionner les nombreux ressorts de l'administration.

Quelquefois il m'est arrivé d'entendre parler
avec une pointe d'ironie de certaines prétentions
ou affectations de tenue et de manières auxquelles
les ambulanciers de la Presse se laissaient aller.
Avec notre légèreté française, il est difficile d'é-
chapper à un besoin de représentation et de mise
en scène qui accompagne chez nous jusqu'aux plus
grandes œuvres et en fait le petit côté. Je me gar-

derais certes, tout en reconnaissant l'existence de
ce travers, de vouloir diminuer un mérite réel que
j'ai constaté de près. J'ai bien aperçu des galons en
nombre illimité à telles et telles casquettes; ou je
me trompe fort, ou j'ai entendu quelques-uns de
ces messieurs se donner sérieusement le titre de *capitaine*, même de *colonel*, ce qui fit beaucoup rire
un jour près de moi de jeunes officiers. J'ai vu
l'entrée en ligne des ambulanciers un jour de
combat; Mgr Bauer caracolant à cheval, avec ses
bottes molles et ses décorations, précédé de porte-
étendards et suivi d'un état-major pharmaceutique
qui vous donnait une vague réminiscence de certain ballet de Molière; j'ai vu la longue file des
voitures bariolées de mille couleurs, j'ai vu l'abus
des croix rouges de Genève sur les chapeaux et les
habits, mais je n'en suis pas moins admirateur des
bons offices rendus par cette institution.

La meilleure mesure que le comité adopta fut cer-
tainement l'emploi comme brancardiers et infir-
miers des Frères des écoles chrétiennes. Tandis que
des esprits étroits et hostiles demandaient que l'on
contraignît le clergé et les religieux à prendre les
armes, c'est-à-dire à renoncer à une mission de
consolation et d'apaisement qui n'a que trop sa

raison d'être au milieu du deuil public, le clergé et les religieux contribuaient à la défense de la patrie par un concours volontaire, dont tous les honnêtes gens louèrent l'utilité, exaltèrent l'héroïsme.

Ces braves frères, appelés ignorantins par ceux auxquels ils pourraient souvent apprendre bien des choses, renvoyés de leurs écoles par certains maires libéraux, présentèrent aux Parisiens étonnés le spectacle de l'abnégation et de la valeur à un degré que la foi et la charité chrétienne permettent seules d'atteindre. On les vit, surtout à ces deux grandes journées de Champigny et de Villiers, s'avancer jusqu'au plus fort de la bataille, relever leurs blessés sous le feu, revenir en ordre conduits par leur supérieur, pour aller, infatigables, impassibles, reprendre le poste le plus périlleux. Honneur à eux !

Je ne laisserai pas s'échapper le souvenir de tant de dévouement sans accorder une mention des plus honorables aux représentants de la *Société de secours aux blessés* de Saint-Denis, et à leur tête à M. Hippolyte Salle. Il est rare à notre époque de rencontrer une bienveillance aussi obstinée pour le soulagement de ceux qui souffrent, une activité aussi incessante, un oubli de soi-même aussi sincère. Après avoir tout tenté pour sauver les blessés, il s'exposait encore à la calomnie pour aller réclamer les morts et les rendre à des parents désolés. Dieu seul connaît tout ce qu'il a donné à cette œuvre, de courses, de fatigues, de sacrifices de toute sorte, et je ne m'arrête devant les preuves multipliées d'un semblable mérite que par crainte de lui enlever quelque chose de son parfum de modestie.

On n'était pas toujours triste pourtant aux avant-postes, et malgré tant de causes de peine on ne se livrait pas au découragement. Dans les premiers temps, la grande occupation des soldats de garde consistait à vérifier les permis de circulation d'une multitude de maraudeurs attitrés, qui venaient armés de pioches et de sacs, quelques-uns même accompagnés de voitures, recueillir la moisson des légumes abandonnés à l'arrivée de l'ennemi. On ne se fait pas l'idée du nombre et de la qualité de ces travailleurs. Malgré toutes les recommandations et toutes les défenses, ils allaient tellement près des Prussiens que ceux-ci leur criaient de s'éloigner, quand ils étaient d'humeur pacifique, et, quand ils ne l'étaient pas, leur envoyaient tout simplement une balle. Il arrivait assez fréquemment

des accidents de ce genre ; mais la leçon ne profitait
guère. Malheureusement, disait-on, au milieu de
ces chercheurs de carottes et de céleri, il y avait des
espions, et, soit par cette voie, soit par d'autres,
l'ennemi n'était que trop renseigné sur notre situation et lisait continuellement nos journaux.

Quand les trésors des champs furent épuisés, et
que la neige eut recouvert les derniers tubercules,
des ordres furent donnés pour interdire la chasse
aux petits oiseaux qui voltigeaient entre les deux
camps. Alors on apercevait des files de rabatteurs
s'avançant avec précaution à la poursuite d'une
malheureuse alouette, laquelle finissait par tomber
sous un dernier coup de fusil, et devait offrir un
régal exceptionnel à une famille entière. Si le tireur
était habile, chose rare, il allait exposer son gibier
à Paris, où un morceau de cette taille se cotait
deux et trois francs. Mais le produit le plus net de
la partie de plaisir était la sortie inopinée du poste
voisin qui confisquait les armes et les emmagasinait
au Fort, où leurs propriétaires venaient faire des
démarches aussi inutiles que touchantes pour les
recouvrer.

Vers le commencement de décembre, un ouvrage
fortifié d'une batterie de huit pièces fut établi à la

Cour-Neuve. L'Amiral comptait atteindre de là plus efficacement les travaux de Stains, de Dugny, du Bourget, et surtout le point éloigné du Pont-Iblon, où les Prussiens avaient des épaulements tout préparés derrière lesquels ils amenaient des canons de campagne à chaque affaire.

Cette petite redoute, confiée d'abord aux hommes de notre garnison, sous la direction d'un officier distingué, le capitaine Masse, secondé habituellement par les lieutenants Étienne, de la marine, et Barbier, de la mobile, passa bientôt aux matelots seuls. Ceux-ci dirigeaient avec leur aplomb habituel les auxiliaires, auditeurs nés de leurs propos pittoresques. Je portais souvent ma promenade vers ce point pour revoir mon monde dispersé, et je me plaisais à regarder la manœuvre de l'artillerie de terre exécutée comme à bord. Pour nos *mathurins*, les parapets devenaient des *bastingages*, les canons étaient placés à *tribord* et à *babord*, les projectiles dans la *soute*. Et quand on voyait une *flotte* d'ennemis, la voix du capitaine de frégate commandait le *branlebas*, au milieu duquel retentissait, à chaque coup, le cri guttural : « Envoyez ! »

Les Prussiens répondirent. A partir du 6 janvier, ils commencèrent sur la Cour-Neuve un bombardement qui se continua à peu près jusqu'à l'armistice.

Le premier jour j'en étais inquiet. Je me rendis au village où les obus tombaient assez fréquents, et à la batterie qui était le principal objectif du tir ennemi. Une partie des matelots préparaient leur dîner en arrière de là dans un jardin séparé de la batterie par un mur. Un obus rase nos têtes, traverse le mur et va éclater à l'endroit où je venais de voir nos marins. Craignant qu'il n'y eût des blessés, je cours et je m'informe si quelqu'un est atteint : « De quoi? de quoi? me répond le cuisinier en continuant à retourner le brouet avec une bûche. — Mais cet obus, où a-t-il frappé? — Ah! l'obus, me dit-il, tenez, le voilà : il est en train de planter des rosiers. » Je vis, en effet, la terre profondément fouillée au pied d'un arbuste, et dans l'air quelques vestiges de fumée. C'est bien, pensai-je, il n'est décidément pas nécessaire de se tourmenter pour ces braves gens-là, puisqu'ils ne se tourmentent pas eux-mêmes davantage. En réalité, il n'y eut pas trop de mal ; on compta à peine quelques accidents. La guerre n'eût pas été cruelle pour nous si tous les combats dont nous fûmes témoins étaient restés dans ces modestes proportions.

VIII

Le Bourget est un village de 800 habitants, à
6 kilomètres à l'est de Saint-Denis. C'est simplement
une double rangée de maisons des deux côtés de la
belle route de Lille.

Le 28 octobre, nous apprîmes dans la matinée
qu'il avait été occupé par nos troupes, avant le lever
du jour. Sur l'ordre du général de Bellemare, les
Francs-tireurs de la Presse conduits par le commandant Roland, s'étaient portés sans tirer un coup de
fusil sur la première barricade prussienne. Un jeune
caporal, nommé Manas, charmant garçon du reste
et très-brave, que je remarquai depuis sous le feu,
m'a raconté comment, à cause de sa connaissance
de la langue allemande, il avait été chargé d'aborder

6

la sentinelle ennemie et lui avait enjoint de se rendre, attendu qu'un corps français de 10,000 hommes le suivait de près. Le Prussien pour toute réponse lui envoie son coup de fusil sans le toucher.
Alors les Francs-tireurs franchissent l'obstacle,
poursuivent à la baïonnette le poste qui s'enfuit
en désordre et laissant casques, sacs et gibernes. Ils
montent ainsi de maison en maison la longue rue
qui est le Bourget, jusqu'à l'église où la résistance
est plus sérieuse. Mais un bataillon du 134e de ligne
et le 14e mobile de la Seine sont entrés à leur tour et
le village entier tombe en notre pouvoir. Il est dix
heures et demie.

A ce moment nous voyons passer sous le Fort le
général de Bellemare avec une batterie complétée
d'une mitrailleuse et soutenue par le 16e mobile. Il
va prendre possession du terrain conquis et organiser la défense. Au Bourget, les soldats se sont
répandus dans les jardins où ils trouvent abondam-
ment des légumes, sans négliger les caves qui
étaient demeurées intactes. C'est déjà un premier
danger.

Bientôt quelques obus leur arrivent. L'ennemi ne
consent pas à se laisser enlever de la sorte un point
stratégique qui défend son parc d'artillerie de Go-

nesse et dont la perte rompt le chemin circulaire reliant ses lignes entre elles.

Dans l'après-midi, la garde prussienne amène vingt-quatre pièces de campagne. Appliquées par sections de deux contre des épaulements de terre préparés d'avance, vers le pont Iblon, sur la petite rivière de la Morée, elles deviennent quatre batteries de position. Le feu est ouvert sur le Bourget, qui n'est certes pas en mesure de répondre utilement. Du Fort de l'Est on essaye d'inquiéter les ennemis ; mais la place choisie par eux a été parfaitement calculée. Nous devons nous contenter de les regarder. Ils en prennent à leur aise. Installés comme au polygone ils rectifient leur tir, et sur l'ordre d'un officier qui parcourt à cheval les divers groupes, tantôt ils exécutent des salves, tantôt un feu à volonté. On remarque un beau chien blanc qui s'élance et court au départ de chaque obus, comme il a sans doute l'habitude de partir sous le coup de fusil du chasseur pour rapporter le gibier, et qui revient tout surpris. Sur les flancs, des colonnes d'infanterie sont massées à l'abri d'un pli de terrain; les paratonnerres des casques dépassent seuls le niveau du sol et étincellent au soleil.

Quand la nuit est descendue et dérobe la marche

des assaillants, ils tentent une attaque ; mais nos jeunes soldats, embusqués derrière les ouvrages qu'ils ont trouvés tout faits et que le génie ne cesse de multiplier, résistent bravement et les repoussent en leur infligeant des pertes sensibles.

Le lendemain dans la matinée le bombardement recommence. Après un arrêt destiné sans doute au repas des soldats, il se continue dans la soirée. L'incendie de quelques maisons enflammées par les obus jette sur l'horizon de sinistres lueurs. Peut-être, en voyant les artilleurs ennemis atteler leurs pièces, pensa-t-on qu'ils renonçaient à leurs projets et l'on se plongea plus profondément dans un sommeil acheté d'ailleurs par tant de fatigues. Cette confiance à laquelle des surprises répétées durant la guerre aurait dû empêcher de se livrer amena encore pour nous un triste réveil.

Le dimanche 30, entre six et sept heures du matin, les Prussiens qui ont toujours employé des forces plutôt exagérées qu'insuffisantes, reviennent brusquement de Dugny et Blanc-Mesnil, au nombre de 15,000, sous la conduite du prince de Wurtemberg. Après une vive canonnade qui rend les barricades intenables, ils entourent le village et coupent les rangs des soldats disséminés dans les maisons.

Le premier moment est pénible. Un certain nombre de Francs-tireurs, de mobiles des 12ᵉ et 14ᵉ bataillons sont frappés ; un beaucoup plus grand
nombre est fait prisonnier. Mais, à la voix de quelques officiers, d'une des barricades et des cré-
neaux percés dans les maisons et les murs de jardin
ceux qui ont pu se rallier essayent de résister et
abattent plus d'un Prussien. Des soldat du 28ᵉ de
marche, un bataillon du 135ᵉ et le 21ᵉ turcos sont
envoyés vers la route de Flandre par ordre du général de Bellemare, qui arrive lui-même de Saint-
Denis : — il faut se borner à ramener les canons
et à protéger la retraite. Toutefois c'est à ce mouvement que l'on doit l'arrêt marqué dans la marche
des Prussiens, qui déjà débordaient de leur droite
sur la ligne du chemin de fer de Soissons et à gauche
sur Drancy.

Les voitures d'ambulance étaient parties de l'Intendance à la suite du général. En les voyant passer
je monte au hasard et arrive ainsi à la Cour-Neuve.
On met pied à terre. La fusillade retentissait sur la
route au delà, on ne pouvait y engager les attelages.
A l'instant même, j'eus de la besogne. C'était mon
début à vrai dire dans les fonctions d'aumônier à la
bataille. A peine si j'avais déjà vu des blessés ra-

menés du combat de Pierrefitte ou installés dans les
salles de la Légion d'Honneur à Saint-Denis. Je
m'efforçai de garder tout mon calme.

Parmi les soldats qui revenaient, les uns étaient
pâles, exténués, silencieux; les autres, animés par
la colère, poussaient des cris. Ceux-ci marchaient
soutenus par leurs camarades, ceux-là étaient portés
sur des civières improvisées avec des fusils croisés
et couverts de capotes. A mesure que j'avançais, on
m'appelait à droite et à gauche : « Ici, monsieur
l'aumônier ! » puis là, puis encore dans cette maison.
J'allais, remplissant de mon mieux mon ministère
de consolation, plaignant, exhortant, relevant les
courages, essayant même un soulagement matériel.
La plupart de ces blessés étaient des Francs-tireurs
dont le bataillon avait subi le premier feu et disputé
avec énergie un terrain qu'il regardait comme sa
conquête. Ils attribuaient leur perte à la faiblesse
dérisoire de notre artillerie et au nombre trop
inégal des défenseurs. Ils invectivaient contre le
général de Bellemare assez haut pour qu'il me
parût opportun de les engager à se taire en le
leur montrant tout près de nous sur la route de
Bondy.

Plusieurs sociétaires et brancardiers de l'Ambu-

lance Internationale s'étaient groupés auprès du
chemin de fer. Je marchai avec eux. Nous croisâmes
l'escorte. Le général suivait ses petits canons de 4
et sa mitrailleuse. Il s'arrêta soucieux. Quelques
balles ennemies passaient sur nos têtes en sifflant,
et les Prussiens apparaissaient à distance sur la voie
ferrée. Un de nos hommes ayant laissé flotter le
drapeau à la croix rouge, le général me cria de le
faire replier et me dépêcha un aide-de-camp pour
me dire que, sur ce point le combat durant encore,
il était contraire aux conventions de réclamer
ainsi une immunité que nous n'accordions pas
nous-mêmes. Je m'approchai du groupe de l'état-
major et je remarquai le colonel Henrion (depuis
général de brigade), qui exprimait la plus vive inquiétude sur le sort de son fils. « Il est parti, disait-
il, pour porter un ordre, il ne revient pas ! » Et de
ses yeux tournés vers le Bourget roulaient deux
grosses larmes. « Votre fils est jeune et intelligent,
lui répondit le général de Bellemare, il saura se tirer d'affaire. » Puis, se penchant vers M. Salle qui
nous rejoignait : « Faites tous vos efforts, ajouta-
t-il tout bas, pour ravoir le corps de ce jeune
homme.» Nous apprîmes, en effet, qu'en entrant au
Bourget, le pauvre officier d'ordonnance venait de

recevoir une balle en pleine poitrine. L'épreuve
était d'autant plus dure pour le père, qu'il avait eu
son autre fils tué dans la première partie de la
campagne.

En nous protégeant contre la chaussée, les troncs
d'arbre coupés, les pierres entassées, nous arrivâmes à l'intersection de la route de Lille et de Bondy,
lieu appelé la Croix de Flandre. Là, du côté du
nord, une forte barricade nous défendait. Un bataillon de mobiles de la Seine, le 15ᵉ, la soutenait
et s'abritait en partie derrière une grande construc-
tion, moitié auberge, moitié étable, bien connue
dans ce quartier et qui porte cette enseigne : *Ici
on loge les moutons et les bœufs.* Amère ironie !
Sur la droite et la gauche, des mobiles et des lignards revenaient par les champs, courbés pour
éviter les balles, se retournant pour tirer un dernier coup, tous l'air troublé, les vêtements souillés
et en désordre, appelant à distance ceux qu'ils
apercevaient et cherchant à se rallier. « Hé ! là-bas,
qui êtes-vous ? Où est le 12ᵉ ? où est le 14ᵉ ? nous
sommes tous perdus !... »

Devant nous, sur la route de Lille, à gauche, une
fabrique de noir animal et un peu plus loin, à
droite, une suiferie retenaient une centaine de ti-

railleurs. Ils continuaient à résister de là, et le
plâtre des murailles volait en poussière autour
d'eux sous les projectiles. De temps en temps, on
voyait tomber un soldat atteint en essayant de venir vers nous, et ce n'était pas sans péril que les
brancardiers allaient le ramasser. Je me souviens
d'un turco égaré, pleurant sur ses camarades tués
et jetant des cris de rage contre l'ennemi. Personne
ne pouvait le comprendre, encore moins le renseigner.

N'ayant plus à tirer sur le Bourget, puisque leur
infanterie y était entrée, les Prussiens tournaient
leurs canons à leur gauche, sur Drancy. Là, des
forces venaient d'être dirigées de Noisy, de Bondy,
de Bobigny, mais toujours trop tard. Les obus
pleuvaient sur le village qu'il fallut évacuer.

Tout à coup, vers dix heures, le fort d'Aubervilliers envoie une bordée de ses pièces de marine
dont les gros projectiles déchirent l'air par-dessus
nous et vont tomber en avant dans le Bourget. Un
feu bien nourri succède à ce prélude, et sur notre
gauche le Fort de l'Est se met de la partie. Les
mobiles crient bravo ! C'est un assaut de rapidité
et d'adresse entre nos artilleurs qui ne semble pas
du tout plaire aux ennemis. Entassés en grand

nombre dans un village composé d'une rue, il leur
est impossible de tenir sous ce double orage venant
de trois et quatre mille mètres et se croisant sur eux à
angle droit. Ils ne tardent pas à déboucher par la
route de Dugny, se divisant vers Stains et Blanc-
Mesnil, sous la protection de leurs batteries. Nos
soldats enragent de les voir échapper ainsi sans
pouvoir les atteindre. Il est certain que, si l'on eût
eu de l'artillerie de campagne, elle aurait servi à
ce moment-là.

Les canons de nos forts firent encore plus de
besogne que les Prussiens ne le craignaient. Leurs
grandes voitures d'ambulance à quatre chevaux ne
cessaient d'aller et de venir, et dans leur rapport
sur la bataille que nous lûmes dans les journaux,
ils convinrent que ce moment avait été très-péni-
ble. Ils avouèrent un millier d'hommes mis hors de
combat, chiffre qu'il faut probablement augmenter
de moitié pour atteindre la vérité. Du reste, une
pyramide qu'ils ont élevée avec des pavés dans le
parc du château marque la sépulture de leurs soldats et rappelle sur ses épitaphes ce succès chèrement acquis. Nos pauvres prisonniers, enfermés
dans l'église, reçurent aussi quelques éclats
d'obus. Nous les vîmes bientôt marcher tristement

entre des cavaliers de la garde prussienne, dans la direction de Gonesse, et, comme on le sut depuis, ils furent emmenés à Erfurth. Presque tous faisaient partie du 12ᵉ et du 14ᵉ bataillon des mobiles de la Seine.

Cependant une poignée de braves, groupés autour d'un officier que rien ne pouvait déterminer à céder le terrain, s'étaient retranchés dans le cimetière, puis, regagnant les maisons du village, se défendaient pied à pied malgré les balles des Prussiens, malgré les obus des Français. Il semblait que cet homme voulût absolument mourir là, mais mourir en héros, comme pour s'envelopper tout entier dans la gloire d'une telle fin. C'était M. Baroche, fils de l'ancien ministre, chef du 12ᵉ bataillon des mobiles. A mesure que le vide se faisait autour de lui, il n'en déchargeait qu'avec plus d'animation le chassepot dont il s'était armé dès le commencement du combat, et le détachement ennemi qui le serrait de près comptait aussi bien des victimes. Selon les usages prussiens, quand l'officier inférieur est tué, c'est son supérieur en grade qui doit prendre sa place. Déjà le lieutenant a été remplacé par le capitaine, qui succombe à son tour et cède la direction à un commandant. Celui-ci est encore

renversé et l'on doit envoyer chercher un colonel.
Mais tous les tenants de cette résistance désespérée
ont à peu près disparu. M. Baroche s'avance à découvert contre une barricade, tire son revolver
une dernière fois et tombe percé de balles. Il était
deux heures de l'après-midi. Nous avions aban-
donné le Bourget à huit heures du matin[1].

Quelques jours après, me dit-on, aux avant-postes
français de Villetaneuse, un officier prussien se présentait agitant un mouchoir blanc. On va le reconnaître. « Nous savons, dit-il, que le 12ᵉ mobile est
de service ici aujourd'hui ; je viens vous remettre la
croix d'honneur, le sabre et le portefeuille de votre
commandant[2], souvenirs précieux pour sa famille.
C'est un hommage que nous voulons aussi rendre à
sa valeur. »

Sur les cinq heures, le feu ayant cessé, le Directeur de l'ambulance fut autorisé à aller en parle-
mentaire réclamer nos morts et nos blessés. Quelques cadavres seulement furent remis et, comme

[1] Ces détails ont été racontés à Saint-Denis, après le siége,
par le colonel Von Seech qui commandait les bataillons de la
garde au Bourget.
[2] Outre les papiers importants, le portefeuille contenait
10,000 francs en billets.

la nuit approchait, on renvoya la négociation au lendemain matin. Mais le lendemain, quand nous allâmes au Bourget, un officier prussien répondit que les morts étaient ensevelis, et les blessés soignés à Gonesse.

La nouvelle de notre échec s'était répandue dans Paris. Comme la jeunesse de la ville avait surtout souffert, un nombre considérable de mères, qu'on n'osa pas en empêcher, franchirent les portes, et, bravant toute consigne, parvinrent jusqu'à l'entrée du village. Là, elles s'adressaient tour à tour aux Français et aux Prussiens pour avoir des nouvelles de leurs enfants. Elles revinrent sans réponse, rapportant seulement la vive expression de leur douleur.

Paris venait d'apprendre la reddition de Metz. Il était abattu et mécontent. La fâcheuse affaire du Bourget acheva d'irriter les esprits, Pour les hommes de désordre qui exploitent au profit de leurs théories perverses quelque sentiment légitime, afin d'entraîner les honnêtes gens dans leur parti, ce fut un dernier élément inflammable ajouté à ceux qu'ils avaient déjà réunis. Il ne restait plus qu'à mettre le feu. Il éclata ce jour-là même qui porte dans l'histoire du siége la date du 31 octobre.

Je n'ai pas à en parler. J'étais venu à Paris pour me prêter dans l'après-midi au service de ma paroisse à la veille d'une fête chrétienne aussi importante que la Toussaint. Il fallut fermer l'église à trois heures. On se battait à l'Hôtel-de-Ville. Je pris le parti de retourner au Fort et j'eus assez de peine à traverser les rangs de la foule qui descendait de Belleville à la suite de femmes portant des drapeaux rouges et poussant le cri de : Vive la Commune !

J'arrivai à Saint-Denis où le contre-coup de l'émeute frappait justement, comme je l'ai dit, nos conférences militaires.

Tel fut pour moi le premier acte de ce drame du Bourget. Je devais voir le second [1].

---

[1] Le 30 octobre 1871, jour de l'aniversaire de ce triste combat, une foule nombreuse est venue au Bourget assister à la messe des morts et témoigner de ses regrets. Après Mgr Duquesnay, qui présidait la cérémonie et qui a fait un remarquable discours, le général de Bellemare s'est avancé vers le lieu destiné au funèbre monument, et dans quelques paroles accentuées a fait comprendre que la responsabilité de cette fâcheuse affaire remontait à d'autres plus haut placés que lui. Nous devons lui savoir gré au moins de cette protestation, qui ne manque pas de courage moral.

IX

Un mois après la première affaire du Bourget,
le 30 novembre, eut lieu la grande bataille de
Champigny, commandée par le général Ducrot.

Les troupes de notre corps d'armée y prirent part,
mais dans un rôle secondaire. Dès la matinée, la
brigade Lavoignet occupa, en avant d'Aubervil-
lers, Drancy que les mobiles de l'Hérault furent
chargés de garder, et continua son opération jusqu'à Groslay. Il n'y eut là à peu près rien à faire
pour les aumôniers de la division.

L'après-midi, ils furent plus occupés au combat
d'Épinay : la fusillade y était très-vive. Sous la direction de l'amiral de la Roncière, la brigade Henrion
s'empara un moment du village où l'on fit ¡des

prisonniers. On revint sous le feu des buttes d'Orgemont, amenant deux mitrailleuses et un canon,
mais avec assez de morts et de blessés.

Le surlendemain, 2 décembre, eut lieu l'attaque
du plateau de Villiers par les Prussiens. On leur
résista, la journée fut encore très-meurtrière. Les
morts jonchaient le sol couvert de neige, et les
blessés, malgré les efforts des ambulanciers, ne
purent être tous enlevés à temps. Ce qu'il y eut de
plus remarqué, ce fut l'admirable conduite des
Frères de la Doctrine chrétienne qui, au nombre
de deux cents, dépassèrent par leur courage, dans
le service des blessés, tout ce que l'on connaissait
jusque-là.

Malheureusement, ces deux grandes journées,
sur lesquelles on avait fondé des rêves de déli-
vrance, ne donnèrent pas plus de résultats que les
autres. Peu de temps après, on faisait autant de
pas en arrière qu'on en avait fait en avant.

Les temps étaient devenus très-durs. Les vivres
diminuaient singulièrement à Paris et même dans
l'armée. De partout on demandait un effort, sinon
pour vaincre, du moins pour inquiéter l'ennemi.
Un mouvement au nord-est fut décidé.

Au nom du Bourget se rattachait un souvenir

sinistre : quelque succès remporté sur ce point eût relevé les esprits abattus et rendu aux assiégés le ressort nécessaire pour attendre sans découragement l'issue fatale de la situation.

Lorsque les premières indiscrétions eurent transpiré, on vit, en effet, un rayon d'espoir sur les fronts. Vous savez? se disait-on à l'oreille, il y a du nouveau : on va reprendre le Bourget !...

Personne n'ignora bientôt le projet arrêté. Un avis officiel annonçait le 19 décembre que les portes de Paris seraient fermées à dater de ce jour. Les vivres de campagne étaient distribués aux soldats. Des renforts de marins étaient portés sur Saint-Denis. Il fallait bien prendre ces moyens-là évidemment ; mais le fâcheux, c'est que l'ennemi, toujours bien informé, parut se disposer à nous recevoir.

Nous vîmes du Fort des allées et des venues sur les routes en arrière du Bourget. La gare du chemin de fer placée vers l'entrée du village fut renversée sur la voie et augmenta le système d'obstacles en se reliant aux barricades déjà fortifiées qui avaient été doublées depuis la première affaire. C'était du reste toujours la garde impériale prussienne qui occupait ce poste avancé.

7

La journée du 20 se passa en préparatifs des deux côtés. La nuit fut une sorte de veillée des armes.

Il me semble qu'on ne saurait se soustraire, pour brave que l'on soit, à quelque préoccupation quand vient l'heure où tant de responsabilités et de vies vont être mises en jeu. Le chef songe aux plans qu'il a tracés et aux chances de leur réussite. Le soldat se demande s'il sera assez heureux pour échapper à la mitraille et aux balles. Les médecins et l'aumônier s'apprêtent à remplir leur devoir avec le calme qu'il exige.

N'ayant nullement la prétention d'imiter Alexandre, lequel dormait profondément, dit l'histoire, la veille de la bataille d'Arbelles, je m'en tins à un sommeil très-léger : encore ne me fut-il permis d'en chercher les douceurs que fort tard et pour peu de temps. J'avais à recevoir un certain choix de jeunes soldats chrétiens qui, prévoyant les périls du lendemain, demandaient aux secrets de la religion la sérénité et la force d'âme, conditions très-utiles au début d'une entreprise périlleuse.

Bientôt, j'entendis le bruit de la marche des bataillons qui passaient devant nos remparts pour aller prendre leur poste de combat. Au milieu de cette nuit sombre, sur le sol qu'une gelée intense avait rendu sonore, leur pas régulier retentissait à distance, et, se succédant sans interruption, grossissait pour l'imagination les forces mises en mouvement.

Vint le tour des soldats de la ligne casernés au Fort de l'Est. Ils prirent leurs rangs sans mot dire; leurs armes seules, s'entre-choquant dans l'obscurité, m'annoncèrent leur départ.

Il était cinq heures du matin. Après avoir offert à Dieu ma journée et ma vie, comme devait le faire un bon Français, je descendis. Les officiers étaient déjà debout. Les artilleurs allaient se rendre au bastion pour attendre le moment de prendre part à la fête, comme ils le disaient. On servit du café. Le bon chirurgien-major restait au Fort avec le plus jeune de ses aides, Alfred Brault, qui aurait voulu être de la partie; deux seulement étaient requis en service extraordinaire. Quand il me vit prêt à sortir avec l'un d'entre eux, mon ami Paul Richard, il nous fit ses recommandations de prudence et nous souhaita un heureux retour.

Le chemin était obstrué par les troupes qui continuaient à défiler. Nous marchions d'un pas leste. Je laissai mon médecin à la Cour-Neuve où était préparée la principale ambulance provisoire, et je continuai sur la route de Bondy.

Les soldats se divisaient à la rencontre du chemin de fer. Les marins et le 138ᵉ de ligne prenaient à gauche le long de la voie ferrée; les mobiles et le 134ᵉ gagnaient la Croix de Flandre. Là, ils passaient en arrière de la batterie construite depuis peu de jours, placée contre la chaussée. On entrevoyait des masses profondes formant un demi-cercle jusqu'à Aubervilliers. Plus loin sur la droite, c'étaient les mobiles des 15ᵉ, 16ᵉ, 17ᵉ bataillons. D'autres troupes de ligne, les 114ᵉ, 115ᵉ, 119ᵉ, et des mobiles de la Seine-Inférieure et du Loiret se tenaient sur Drancy avec des canons et des mitrailleuses, afin de diriger l'attaque sur trois côtés à la fois.

Soudain, à sept heures, une fusée donne le signal, et de tous les points les éclairs de l'artillerie se croisent dans le crépuscule et les tonnerres ébranlent les oreilles et les cœurs. Je vois des jeunes soldats qui frémissent involontairement et laissent échapper leur fusil. En avant, un peu à gauche, la Cour-Neuve avec ses deux batteries de position, l'une de six pièces de 12 et deux de 16 de marine, l'autre de six mortiers de 32, tirent sur le haut du Bourget. Elles sont appuyées par une batterie de campagne et deux locomotives blindées qui parcourent la voie ferrée comme deux monstres de la Fable, vomissant tour à tour la flamme sur les premières maisons. A côté de nous, la batterie de la Croix de Flandre, armée de canons de 24 court, fait rage contre les barricades de face. Par-dessus nos têtes, Aubervilliers tire de quinze ou vingt pièces sur son large front d'attaque, et mon cher Fort de l'Est, mieux monté que lors de la précédente affaire, fatigue les positions en arrière du village. Cette fois enfin, grâce à une magnifique pièce de 19 de marine, baptisée du nom de *Jeanne-d'Arc*, il atteint les ouvrages du pont Iblon à près de huit kilomètres.

Cet ensemble était vraiment splendide. J'avouerai qu'à une pareille musique, il est difficile de rester de sang-froid. Quand la cannonade se fut calmée et que retentit le cri : En avant! je crois, Dieu me pardonne, que je m'élançai avec les mobiles, au pas gymnastique, armé de mon parapluie, ce qui égayait assez mes Parisiens. Nous arrivâmes ainsi jusqu'à la Suiferie à 400 mètres des Prussiens, sans écouter les balles qui sifflaient à nos oreilles, et dont quelques hommes furent frappés.

A l'attaque de gauche, dirigée par le capitaine de frégate de la Mothe-Tenet, les fusiliers

marins, conduits par leurs intrépides officiers, et
soutenus par un bataillon du 138ᵉ de ligne, avaient
pénétré dans la partie nord du Bourget. Ni murs,
ni barricades n'arrêtaient ces hommes agiles, intrépides, insouciants qui, là hache d'abordage à
la main, allaient saisir et terrasser les ennemis
dans leurs retranchements et firent une centaine
de prisonniers. Un chirurgien rencontre un de ces
matelots trapus qui conduisait un géant prussien,
et comme il lui demandait si c'était lui qui l'avait
pris : « Pas tout à fait, répond-il ; il tirait sur moi
par un créneau : j'ai franchi le mur et je l'ai pris
à bras le corps ; il se débattait, j'ai appelé le camarade et nous en sommes venus à bout. » Pendant
plus de deux heures, ces braves, qu'assistait une
compagnie du génie enlevant les engins explosi-
bles, se maintinrent dans le Bourget, luttant pour
conquérir chaque maison et recevant un feu meur-
trier des caves et des fenêtres. Ils perdirent
beaucoup de monde. Quatre officiers de marine
furent tués, entre autres le vicomte Duquesne,
descendant du célèbre marin ; quatre autres blessés.
Le 138ᵉ paya aussi chèrement sa part de gloire.

De notre côté, sur la route de Lille , les
Francs-tireurs de la Presse et le 134ᵉ de ligne

portés en avant de la Suiferie, essayaient de forcer les obstacles de l'entrée du village. Une fusillade des mieux nourries part des barricades et de tous les murs crénelés.

On est si rapproché qu'on entend la voix des chefs allemands dont quelques-uns, comme pour nous narguer, crient en français : En avant! en avant! Tandis que nos soldats sont obligés de tirer sans voir l'ennemi, celui-ci vise à couvert, cherchant à renverser surtout les officiers. Il n'y réussit que trop. Le commandant Roland des Francs-tireurs a son cheval frappé et tombe, heureusement sans blessure. Un de ses lieutenants est tué raide. Le brave capitaine Fournier, ancien officier de gendarmerie, est atteint de deux balles. Je veux l'encourager contre de tristes prévisions : « Ah! mon bon abbé, me dit-il en me prenant la main, c'est inutile, j'ai les reins traversés et la cuisse cassée. Mon affaire est faite. Mais mon pauvre commandant!... » Je l'assurai qu'il était en vie. Alors il détacha sa croix d'honneur pour qu'elle lui fût remise. Quelques heures après il expirait.

Nos officiers du 134e n'étaient pas mieux traités. A la suite de leur chef de bataillon, M. de Jolinière, ils avaient à peu près tous reçu quelque blessure.

Cependant les hommes s'étaient déployés en tirailleurs et se tenaient accroupis ou couchés dans les sillons des champs. Chaque fois qu'ils se levaient pour faire un pas, une grêle de balles les assaillait et on en voyait tomber quelqu'un. Le temps se passait et nous en restions là. Le capitaine du génie Kienné attendait sur la route le moment de faire avancer sa compagnie. Il se promenait de long en large dans son manteau pour se réchauffer. « Eh bien! lui dis-je, et le plan de bataille? — Mais, me répondit-il, c'est que nous n'entrons pas du tout au Bourget. » En même temps une balle vint enlever la têtière de son cheval qu'il tenait par la bride.

La fusillade continuait dans ces conditions défavorables pour nous. Vers neuf heures, les ambulances de la Presse arrivèrent avec leur personnel au complet et firent leur entrée, toujours un peu théâtrale. Jusqu'à ce moment les soldats avaient relevé leurs camarades que les chirurgiens de régiment pansaient provisoirement et que les voitures de l'Intendance emportaient à la Cour-Neuve et à Saint-Denis. Alors il y eut abondance de brancardiers et d'aumôniers. Les religieux dominicains et les Frères de la doctrine chrétienne luttèrent d'audace. On vit aussi des gardes nationaux de gris tout habillés, qu'on nous dit être des instituteurs et qui s'employèrent avec zèle à porter les blessés et les morts. Ces messieurs se plaignaient de ce que les balles prussiennes ne respectaient pas leur drapeau, ce qui d'ailleurs ne les arrêtait point dans leur courageuse entreprise.

Un dominicain et un jeune frère s'étant avancés jusqu'au pied de la barricade prussienne, une balle frappa ce dernier et il fut rapporté d'abord à la Suiferie. Il se nommait le frère Nethelme[1]. Il avait quitté sa classe le matin pour venir donner sa vie. Je le vois encore essayant de sourire malgré sa souffrance. Ses traits réguliers et doux empruntaient à la pâleur causée par sa blessure un charme nouveau et quelque chose du calme anticipé des bienheureux. Le chirurgien entr'ouvrit son habit. La plaie ne présentait à l'œil qu'une perforation cylindrique très-étroite à la jointure intérieure du bras gauche et de l'épaule. Mais le coup était porté en travers, le poumon était atteint et le pauvre frère mourut le lendemain à l'ambulance de la Légion-d'Honneur, dans cette même ville de Saint-Denis où les affiches de la mairie annonçaient

[1] De la maison de Saint-Nicolas, à Issy

l'expulsion de sa congrégation de l'enseignement municipal. Deux autres frères furent blessés légèrement à des points différents de la bataille.

On échouait. D'après les ordres de l'amiral de la Roncière qui s'était porté à la Cour-Neuve, d'où il dirigeait les opérations avec son calme ordinaire, une reprise fut tentée. Le général Lavoignet s'avança au milieu du chemin et dut attacher son cheval que le bruit effarouchait par trop. Le général Ollivier et son aide de camp Baguay firent placer une batterie de campagne à côté de la Suiferie et l'on canonna un grand mur blanc qui présentait une longue ligne de défense. Quand une brèche fut faite, quelques chefs essayèrent de relancer les soldats restés dans les sillons. Je vis le jeune Souhaité, officier d'ordonnance du général Lavoignet, donner du plat de son sabre sur le dos des lignards qui ne bougèrent pas. Il eût fallu envoyer sans doute de nouvelles troupes. Celles-ci, qui avaient été repoussées une fois, étaient rebutées.

S'il faut s'en référer au rapport prussien sur l'affaire, on n'eût réussi à autre chose qu'à faire tuer plus de monde. A ce moment, le commandant du Bourget venait de demander dix batteries à Gonesse. On ignorait aussi de notre côté l'existence d'ouvrages censidérables préparés derrière Dugny et qui auraient exigé d'autres forces et d'autres moyens d'attaque.

Les troupes se replièrent au grand dépit des mobiles qui n'avaient pas donné sérieusement. Je dirigeai ma course avec mon ami l'abbé Darblade, aumônier volontaire d'ambulances, vers Drancy où la cannonade continuait encore. Il n'y avait là qu'un combat d'artillerie. Nous vîmes le général Trochu qui parcourait la ligne de bataille et sous le cheval duquel vint éclater un obus. Il engagea les mobiles du Loiret qui étaient près de nos batteries à s'abriter contre les murs des maisons. Des chevaux attelés aux avant-trains atteints par les projectiles ennemis tombèrent, et furent à l'instant dépecés par les soldats qui s'en promettaient un régal le soir. On porta quelques blessés français et prussiens. La nuit était venue, la fusillade retentissait encore vers Bondy. Je crus devoir rallier le Fort. Après avoir pris chez le commandant Poulizac des Éclaireurs de la Seine qui occupaient Drancy, un verre de vin chaud, la seule chose qu'il pût m'offrir et que je pus trouver de la journée, je partis.

Rien de plus triste que ce retour. Un vent glacial du nord amenait 13 degrés de froid sur nos pauvres militaires, dont un grand nombre devait passer des nuits sur le champ de bataille. Ils s'efforçaient de creuser des tranchées pour s'abriter, et la terre durcie comme pierre résistait à leurs pioches. Les prolonges d'artillerie, les canons et les mitrailleuses couvraient la route. Je ne savais où passer. Quand, dans l'obscurité, j'eus regagné seul le chemin de la Cour-Neuve, tous les cinquante mètres, une sentinelle cachée au-dessous de la chaussée me jetait son qui-vive! à quoi je répondais: Aumônier du Fort de l'Est, en me demandant si ma réponse emportée par la bise lui parviendrait et m'épargnerait un coup de fusil.

En arrivant auprès de mes amis, j'appris que notre 13e mobile avait pris part à une démonstration sur Stains dans l'après-midi, conjointement avec les 10e, 12e et 14e bataillons. Sous la direction du commandant d'Outremont, ils s'étaient portés sur le village et vers le château; mais, comme toujours, reçus presque à bout portant, ils avaient été obligés de se replier, laissant plusieurs morts et plusieurs blessés. Ils s'étaient conduits avec courage, tenant bien sous le feu, et j'étais heureux de revoir leurs jeunes chefs, entre autres, le capitaine de la première compagnie, Rousselle, qui avait échappé providentiellement à une mort inévitable, ainsi que le chirurgien major, Homolle, si aimé de tout son bataillon, qui avait eu le dévouement de se mettre lui-même au brancard pour relever ses blessés.

On échangea des félicitations et des regrets.

Quelques jours après, nos morts étaient réclamés par l'entremise des ambulanciers de la Presse. La négociation d'abord rompue fut bientôt reprise, à la suite d'une lettre du prince de Saxe à l'amiral de la Roncière. Celui-ci chargea M. Hippolyte Salle de la terminer. Un certain nombre de cadavres nous furent remis. On les enterra près de l'église de la Cour-Neuve. Puis la neige recouvrit de son blanc suaire tous ces restes mutilés; et les nombreux corbeaux que le combat avait effrayés revinrent tournoyer au-dessus de la plaine en poussant leurs croassements hideux.

Une nouvelle impression pénible fixa le souvenir de ces lieux. Les opérations militaires du 21 décembre s'étaient étendues en réalité depuis le Mont-Valérien jusqu'à Nogent. Sur divers points, les engagements avaient été sérieux; néanmoins la journée garda, dans les éphémérides du siége, le nom de seconde bataille du Bourget.

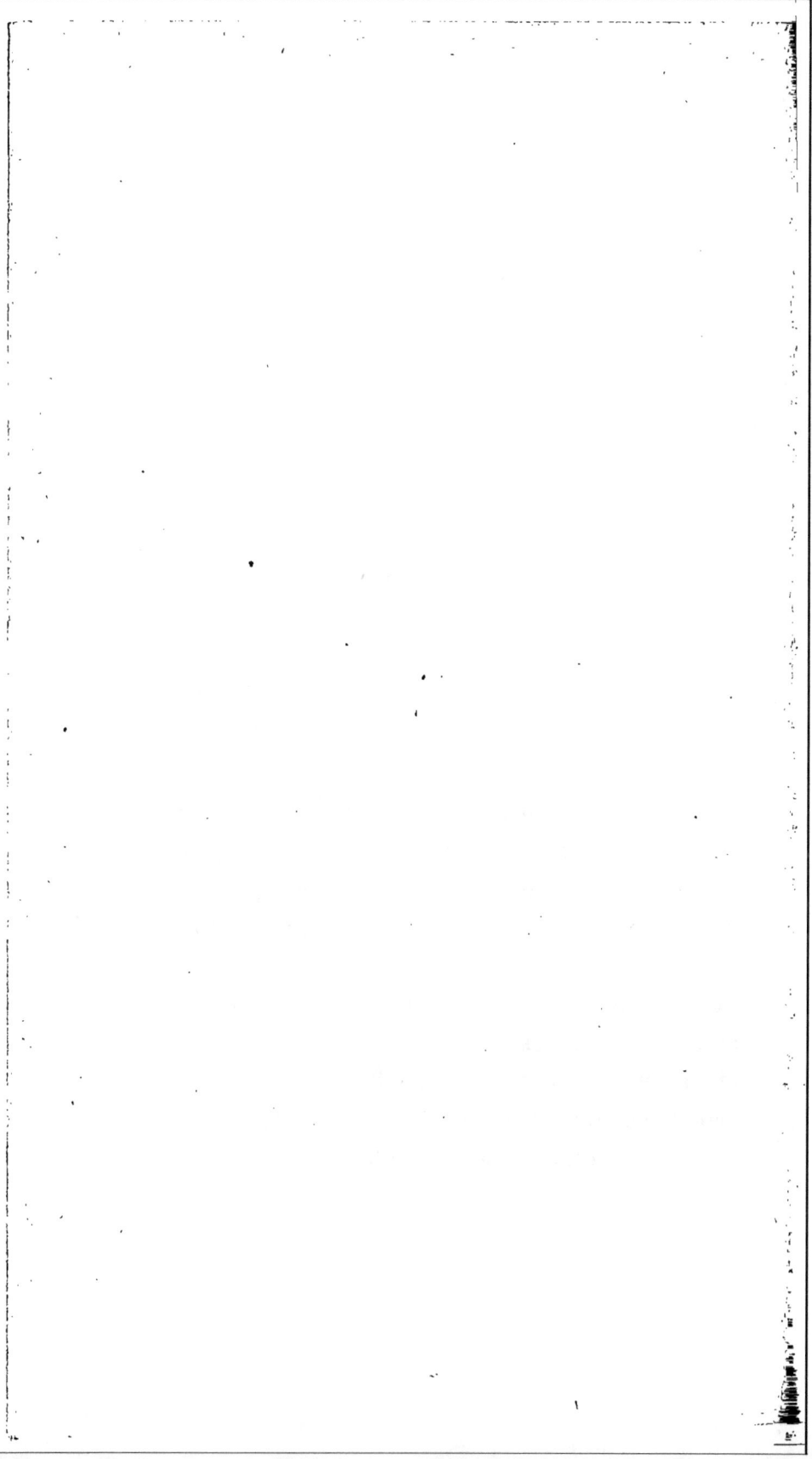

X

UNE VISITE A PARIS

Si notre existence, en dehors des remparts de Paris, n'était point tissue d'or et de soie, elle présentait du moins plus de variété et plus d'activité que celle des infortunés Parisiens.

Savoir que l'ennemi entourait complétement la ville, où rien ne pouvait entrer, dont rien ne pouvait sortir, entendre tous les jours le canon pendant plusieurs mois, sans juger de la cause ni du résultat des engagements, être privé de toute communication de la part des parents et des amis de province, en être réduit à des vivres ridicules comme qualité et surtout comme quantité, souffrir d'un froid exceptionnel, sans combustible pour le combattre, constater une mortalité croissante sous l'action des épidémies, et, pour finir, être bombardé : telle fut sommairement la situation de la capitale pendant le siége.

J'allais chaque semaine, assez régulièrement, y passer quelques heures, pour répondre aux exigences de mon ministère dont les circonstances d'ailleurs justifiaient bien l'exercice. Les portes de Paris ne se franchissaient point sans laissez-passer écrit, timbré de plusieurs sceaux. La garde nationale veillait aux abords des ponts-levis pour maintenir la consigne, et se montrait d'autant plus scrupuleuse qu'elle avait affaire à des gens moins suspects, surtout incorruptible vis-à-vis des officiers ou des bourgeois employés à quelque service important. Je ne passais jamais, sans que le lieutenant de la porte de La Chapelle ne me réclamât ma permission. Je lui exhibais mon titre d'aumônier militaire que, deux fois sur trois, il prenait au rebours, et lisait néanmoins sans sourciller.

Les mobiles parisiens, qui ne pouvaient se priver longtemps du plaisir de fouler le macadam, recouraient à tous les expédients pour aller de Saint-Denis à la porte de Paris, où ils réussissaient toujours à entrer. Quand ils étaient munis d'une autorisation quelconque, ils la présentaient jusqu'à extinction ;

s'ils n'avaient pu s'en procurer, ils assiégeaient le poste en nombre et commençaient des pouparlers. Ils venaient, disaient-ils, voir leur mère malade. On croisait la baïonnette. « Vous n'avez donc pas de mère ! » s'écriaient-ils d'un ton tragique ; et les gardes nationaux se sentaient attendris. Si le pont était levé, ils épiaient un encombrement de voitures qui obligeait à le baisser, et se faufilaient entre les chevaux.

Un jour, vingt mobiles du 16e bataillon approchaient des remparts. Ils se consultent pour trouver un moyen de passer. Aucun n'avait de permis ; mais l'un d'eux, clairon de sa compagnie, portait son instrument. Il se met en tête, à dix pas, et sonne une marche : les autres forment leurs rangs. « Qui êtes-vous? crie la sentinelle. — Avant-garde du 16e bataillon, » répond le premier ; et ils défilent fièrement devant le poste qui leur présente les armes, attendant en vain le reste de la troupe.

Malheureusement la discipline ne gagnait rien à ce jeu. Le camp était déserté par ses défenseurs, sans souci des éventualités d'une attaque de l'ennemi. Et cependant, ils n'auraient pas voulu se trouver absents s'ils avaient cru à la probabilité d'un combat.

8

Le 1er janvier 1871, bien que les Prussiens ne se fussent nullement engagés à ne pas nous assaillir, un nombre considérable de militaires étaient venus à Paris souhaiter une bonne année à leurs parents et connaissances. « Combien croyez-vous qu'il nous manquait d'hommes ce jour-là sur 1,600 ? me disait un officier du bataillon de mobiles caserné au village d'Aubervilliers. — Je ne sais. — Quinze cents, seulement! »

Paris pourtant, dans la dernière période du siége, offrait peu de récréations. Dès qu'on avait franchi ces portes fortifiées et armées de chevaux de frise, de planches à clous, appuyées de barricades et de cavaliers, on voyait dans les rues, à droite et à gauche, des quantités de femmes faisant queue, depuis les premières heures du jour, devant les grilles des boucheries, pour avoir, sur la présentation de leurs cartes, des rations de plus en plus légères de pain, de riz ou de cheval. On ne pourra jamais croire que, dans le mois de janvier, c'était dès trois heures du matin que quelques personnes venaient attendre, sur la neige, une bouchée d'un pain que tout le monde a vu et qui échappe à l'analyse !

Puis on remarquait un troupeau de chevaux fatigués, ayant vingt fois plus l'œil morne et la tête baissée que ceux du char d'Hippolyte, et qui excitaient cependant des regards d'envie : ils allaient à l'abattoir.

La question des subsistances préoccupait tristement la population. Quand j'arrivais dans mon quartier et que l'on m'avait interrogé sur les dispositions des soldats, qu'on m'avait demandé quel jour on devait frapper *le grand coup*, j'étais sûr d'être questionné aussi sur le régime auquel nous étions soumis. Et si je venais à prononcer le nom de notre commandant en chef, l'amiral de la Roncière le Noury, j'étais sûr de provoquer le jeu de mots de je ne sais quel journal : « Le nourri ! il est bien heureux, celui-là ! »

Or, la vérité est que l'on ne faisait pas de festins à l'état-major. Je ne sais si on aurait pu s'y procurer des mets extraordinaires, du moins on n'y servait que le menu du siége, l'inévitable riz, et ce fier et fougueux animal, la plus noble conquête que l'homme ait jamais faite, s'il faut en croire Buffon, passé à l'état de bouilli et de rôti pour les besoins de la cause. Seulement à l'armée on eut jusqu'au bout du pain provenant du blé. Ce pain de munition que nous dédaignions dans le principe pour notre table, nous parut à la fin très-savoureux et quand nous en emportions en cachette à Paris, il était accepté comme un délicieux gâteau. Trop heureux les Parisiens de recevoir un morceau semblable, lorsqu'ils furent réduits à 300 grammes de cette composition noire et grenue de laquelle ils prétendaient retirer même des copeaux.

Je ne parle pas des essais de toute sorte, le plus souvent inutiles, que la faim, mauvaise conseillère, dit-on, mais bien industrieuse pourtant, suggérait à nos assiégés.

On souffrait la faim. Rien n'était sombre et froid comme l'aspect de Paris le soir. Plus de candélabres allumés dans les rues, plus de magasins illuminés. A peine une faible lueur de lampe ou de bougie s'échappant par un volet entr'ouvert. Au lieu de ces brillantes et bruyantes réunions des restaurants ou des cafés, l'obscurité et le silence, interrompus seulement par la marche de quelque patrouille ou les pas furtifs du passant attardé et, dans le lointain, les coups sinistres des bombes faisant explosion.

Je crois voir encore, par un de ces soirs, dans la rue Jean-Jacques Rousseau, un vieillard amaigri qui suivait le trottoir devant moi. Son allure agitée

devenait plus lente quand il approchait d'une fenêtre éclairée, derrière laquelle il cherchait évidem-
mant un aliment quelconque pour sa faim. Parfois
il traversait la chaussée pour mieux regarder dans
une boutique ouverte, mais vide, puis il repre-
nait sa marche précipitée et anxieuse. Il avait faim.
Un moment il tourna la tête vers la devanture
en partie condamnée d'un petit restaurant et, lisant
sur la glace cette enseigne oubliée : *Chocolat à la
crème*, il sourit amèrement et dit tout haut : « A la
crème !... oui, prends garde ! » Quand il eut disparu
dans l'ombre, je me reportai à tant d'amis qui
souffraient aussi peut-être à cette heure : il me semblait que je venais de rencontrer le spectre de la faim.

Ceux qui éprouvaient le plus de gêne étaient encore les gens aisés, qui ne recevaient pas comme les
malheureux de secours des fourneaux de la mu-
nicipalité et, à prix d'argent, ne pouvaient rien se
procurer.

En somme, la résistance de cette ville de plaisirs
et de luxe, et sa résignation par ce temps de deuil,
de famine et de défaites restera comme le côté héroïque de la défense. Les femmes surtout me paraissaient admirables de courage et de dévouement.
La plupart des dames qui étaient restées se consa-

craient aux ambulances particulières, et quand on allait rechercher quelque blessé, on trouvait auprès de lui plusieurs personnes de la meilleure société, revêtues du tablier blanc de l'infirmerie, qui lui prodiguaient leurs soins.

Les gardes nationaux me semblaient vivre dans l'illusion et y entretenaient les autres. On les heurtait à chaque pas réunis pour l'exercice, sur les trottoirs ou les carrefours. La manie du galon avait pris chez eux des proportions phénoménales. Or il n'y a peut-être pas au monde de contre-sens aussi fastidieux à supporter que la vulgarité singeant la distinction. Un homme ignorant et lourdaud se pavanant à une place qui demande la supériorité de l'instruction et du caractère, c'est parmi les renversements des choses d'ici-bas le spectacle le plus agaçant. En raison du système suivi jusqu'à présent en France pour le recrutement de l'armée, ces anomalies devaient se présenter dans la garde nationale. Les grades étaient donnés dans une forte proportion à ceux qui connaissaient la théorie du maniement des armes, à d'anciens soldats parvenus dans tout leur congé quelquefois aux galons de caporal, rarement à ceux de sergent. La veille garçons de magasin, ils

étaient le lendemain capitaines, et l'on doit trouver aujourd'hui plus d'un commandant en dispo-
nibilité réintégré dans le modeste emploi d'homme-
de-peine. Mais lorsque ces officiers d'occasion,
précédés de clairons et de tambours impitoyables,
escortés de sapeurs à grands tabliers, dont la barbe
et le bonnet ne formaient qu'un seul poil, surtout
suivis de cantinières de plus en plus bottées, se
rendaient AUX REMPARTS, comme ils disaient avec
emphase, les esprits sérieux se demandaient à
quoi tout cela pouvait aboutir.

Cependant, de l'avis à peu près général, le gouvernement n'a pas su utiliser les forces qu'aurait
présentées un choix habilement fait parmi ces
400,000 hommes armés. N'en eût-on pris que le
quart (je ne sais si j'en demande trop), il fallait
les lancer dans la lutte, au lieu de laisser leur fa-
tuité oisive se persuader qu'eux seuls devaient sauver Paris. Telle était en effet leur conviction. Ren-
contrant de plus près les obstacles, ils auraient
senti le côté puéril de leurs théories militaires et
auraient conçu des sentiments moins injustes envers l'armée. Enfin, s'il eût fallu en sacrifier une
partie, il eût été moins regrettable de les voir
tomber sous les balles prussiennes pour la défense

de la patrie, que de les trouver deux mois après
derrière les barricades de l'insurrection. Dans plusieurs quartiers, les bataillons étaient composés
d'hommes capables de dévouement et de sacrifice,
surtout parce qu'ils avaient quelque chose à perdre :
ceux-là auraient entraîné les autres et, après quelques essais, les moins braves se seraient familiarisés
avec les dangers du combat. Du reste, dans diverses circonstances, ils méritèrent des éloges pour
leur valeur.

Mais on se contenta généralement de promener
dans l'intérieur de la ville et de mener sur des
bastions qui n'étaient pas attaqués des masses de
gens portant sabre et fusil, pour passer les nuits à
jouer et à boire. Quand on les fit enfin sortir en
nombre considérable, il n'y avait plus d'espoir
de renverser les ouvrages ennemis, ni de se maintenir au delà, faute de vivres.

La garde mobile, mêlée à l'armée, recevait mal
les récriminations des gardes nationaux. Dans ce
langage pittoresque du gamin de Paris, qui traduit
d'un mot une situation, elle les appela successivement des *sang impur*, d'un refrain de la *Marseil-
laise* qu'ils chantaient trop ; des *trente sous*, à
cause de leur solde ; des *outrance*, à raison de leur

parti pris de réclamer la guerre jusqu'à la dernière extrémité, et à la fin, des *trouée*, parce qu'ils parlaient incessamment de traverser en masses profondes les lignes ennemies.

Je me souviens qu'un jour du commencement de janvier, alors que nos armées de province étaient battues, nos vivres épuisés, que dans l'esprit des chefs militaires tout était perdu, fors l'honneur, j'entrai chez un papetier du Marais pour remplacer mon encre gelée dans l'encrier. Il ne manqua pas de me demander comment les choses allaient finir. Je répondis que je l'ignorais, mais que je craignais pour nous. « Ah! me dit-il, je regrette que vous n'ayez pas entendu ici tout à l'heure un commandant qui est un fameux homme. Il nous a bien remontés. Il est sûr maintenant du succès. Dans peu de jours on va frapper le grand coup! Cette fois on va *faire la trouée!* Il nous a même confié qu'il avait terminé ses dispositions pour le cas où l'on irait jusqu'à Berlin. — C'est un commandant de la garde nationale? fis-je. — Oui, sans doute. — Eh bien, ajoutai-je en payant mon encre, il a peut-être raison : il pourrait aller à Berlin... comme prisonnier de guerre; » et je sortis laissant mon *outrance* stupéfié.

Quelques moments après, sur le boulevard, j'appris que des obus venaient de tomber rue Gay-Lussac.

Le bombardement de Paris était commencé. C'était le 5 janvier.

XI

LE BOMBARDEMENT

Dans les cours de fortifications de nos écoles militaires, m'a-t-on dit quelquefois, on posait comme un axiome que Paris ne pouvait être ni bombardé ni même investi. Une pareille théorie avait pour raison sans doute la portée restreinte des pièces d'artillerie de 1840. Mais, hélas! depuis les désastreux perfectionnements des engins de destruction à distance, il a été facile de se convaincre que ni les positions assignées précédemment aux défenses des places fortes, ni les plans tracés à des époques plus récentes, ne pouvaient suffire en cas de siége, et qu'il fallait modifier la résistance dans la proportion du progrès de l'attaque.

Toutes nos cités investies par les Prussiens ont reçu des projectiles, et les forts détachés n'ont pas

plus protégé la vie des habitants qu'ils n'ont empêché
l'ennemi de les cerner entièrement. Or, comme la
ville investie qu'une armée de secours ne vient pas dé-
livrer doit se rendre, il est arrivé que, nos troupes de
campagne étant battues et prisonnières, nos forte-
resses ont dû successivement capituler. Paris s'est
trouvé dans les mêmes conditions défavorables, et sa
capitulation devenue inévitable n'a été que reculée
aux limites extrêmes de ses approvisionnements.

Lorsque les hauteurs qui couronnent les forts du
Sud eurent été occupées au début du siége, on com-
prit que l'enceinte de Paris n'était plus à l'abri des
bombes prussiennes et que, pour la mettre hors d'at-
teinte, il aurait fallu porter les forts sur ces mêmes
hauteurs. Ce sera l'occupation des Vauban de l'a-
venir. Quoi qu'il en soit, Paris était bombardé.

Nous avions entendu la canonnade circulaire des
forts, qui paraissait devoir se continuer jusqu'à nous,
et nous en étions moins émus. Après tout, les militaires n'étaient-ils pas là pour combattre, c'est-à-
dire donner ou recevoir la mort ? Que notre tour
vînt de passer sous le feu, rien d'étonnant ; mais
que sans raison et sans avertissement préalable, la
population restée en dehors de la lutte fût exposée
à chaque instant à d'atroces blessures ou à la mort,

voilà ce qui nous navrait. La nuit, quand les coups sourds des canons Krupp retentissaient au loin dans le silence, moi qui m'étais habitué à dormir au bruit des détonations des pièces du Fort, je ne fermais plus l'œil et je me sentais le cœur glacé. Sur qui étaient tombées ces énormes masses de fer? Peut-être sur une famille amie. Je tremblais et j'attendais le jour et les tristes nouvelles que nous apportaient les journaux.

Elles étaient déplorables, en effet. Malgré l'émigration d'une partie des habitants vers le centre de Paris, malgré le soin de bien des gens de descendre dans leurs caves, chaque journée donnait sa moisson de victimes. Plusieurs fois de jeunes filles, espoir de la maison, des mères nécessaires à leurs enfants, avaient été frappées dans des circonstances atroces. Le grand édifice contenant nos richesses scientifiques, le Muséum, était atteint ; nos hôpitaux, nos palais, servant d'ambulance à nos malades et à nos blessés, n'étaient pas épargnés, et quelques-uns des malheureux qui, rapportés du champ de bataille, croyaient avoir échappé à la mort, grâce aux efforts de l'art et aux soins de tant de mains dévouées, étaient tués dans leur lit.

M. de Bismark appelait cela un bombardement

psychologique. Il supposait que la population inti-
midée obligerait le gouvernement à capituler. Il se
trompait.

Les Parisiens, qui avaient supporté le froid et la
faim, résistèrent énergiquement. Tout conspirait
contre eux. L'épidémie enlevait alors quatre mille
victimes par semaine. Eh bien, ils se remirent
généralement assez vite de la première impression
de terreur causée par la chute des obus et protes-
tèrent par leur mâle attitude contre la cruauté
inutile des Prussiens. Chaque jour ils conduisaient
leurs morts au champ de repos, menacés parfois
jusque dans les cérémonies funèbres, et ils attendaient. Les enfants s'habituaient à ramasser les
éclats des projectiles ; les femmes se préparaient
à éteindre les incendies qu'ils pourraient allumer,
et puis l'illusion entretenue par le gouvernement
les soutenait.

J'étais allé à Paris un instant le 18 janvier. Je
vis défiler sur les boulevards la garde nationale
se rendant vers le champ de bataille de Buzenval.
Pour ces gens-là, qui n'avaient pas encore tiré un
coup de fusil, c'était *le grand coup.* Il s'agissait
d'une sortie décisive, et ils en étaient chargés.
L'armée apprendrait ce qu'elle aurait dû faire depuis

longtemps. On allait forcer les lignes ennemies, établir un cordon de citoyens armés en avant sur la ligne de l'Ouest et se mettre en communication avec Rouen ! Ils étaient superbes sous leurs armes et leur sac, tous ces gardes aux capotes bleues, vertes, grises. Les cantinières faisaient flotter au vent les plumes de leur chapeau tyrolien, et une double haie de femmes leur jetaient des adieux et parfois allaient dans les rangs les donner de plus près.

Le lendemain, on livrait un dernier combat inutile, dans lequel bien des braves militaires, mis en tête de l'attaque, trouvaient encore la mort. J'y perdis un de mes meilleurs amis, le capitaine de zouaves Darribère. Après l'occupation facile de Montretout, on s'arrêta comme toujours devant des positions fortifiées et l'on se retira en *bon ordre* en murmurant le mot de tous les vaincus : « Trahison ! »

Ce jour-là, qui était un jeudi, jour de catéchisme à ma paroisse, je vins partager un petit morceau de cheval avec des amis habitant le quartier bombardé du Collége de France. Le déjeûner avait été offert sans garantie des obus. En effet, il en tomba à quelques mètres de nous, et j'eus bien de la peine à faire promettre à une mère de quitter son appartement devenu inhabitable.

Saint-Denis se préparait aussi à recevoir sa part des cadeaux prussiens. L'ambulance de la Légion-d'Honneur était évacuée et déménagée; les tombeaux de l'abbaye blindés avec des sacs à terre, et nous prêts à chercher un refuge sous nos abris.

Le 20, nous surprîmes, du côté de Stains, des ennemis qui abattaient des arbres. Ils démasquaient leur batterie. Néanmoins rien ne vint dans la soirée, et nous dormîmes dans les casernes.

Le samedi 21 janvier, date déjà pénible dans nos annales, à huit heures du matin, je célébrais la messe dans l'Abbaye de Saint-Denis. A un autel auprès de moi, le vieux chanoine disait une messe de *requiem* pour l'âme de celui dont le souvenir remplissait cette journée et dont les restes reposaient dans les cryptes, quand, vers le milieu du sacrifice, j'entends le sifflement bien connu d'un obus qui vient éclater dans la cour de la Légion-d'Honneur. « C'est commencé pour nous, » dis-je à demi-voix au Frère qui me servait; et je poursuivis l'offrande de la Victime sacrée, en priant Dieu d'agréer aussi les peines que nous allions endurer.

La messe finie, j'engage le chanoine à regagner sa demeure sans différer et je sors le premier. La rue était à peu près déserte. Quelques fuyards

couraient devant moi. J'en arrête un : « Eh ! mais,
lui dis-je, il me semble que nous y voilà cette fois !
— Ah ! monsieur, me répond-il, c'est au fort de
l'Est que cela marche bien... » Je n'en écoute pas
davantage. Sans égard pour les règles de la modestie
ecclésiastique tracées jadis par le sage M. Tronson,
directeur de Saint-Sulpice, je prends mes jambes à
mon cou. Quoi ! le Fort était bombardé et je
n'étais pas là !... Je cours sans m'inquiéter des
projectiles qui passaient près de moi sur ma route ;
j'arrive essoufflé ; je demande tout de suite si quelqu'un était blessé. On me répond : « Le Colonel commandant du Fort a failli recevoir le premier obus qui
est tombé au milieu de la cour, mais personne n'est
encore atteint. » Je respirai. Arrivé dans ma chambre, je trouve les effets de mon ordonnance jetés à
l'abandon sur les miens. Le pauvre garçon s'était
hâté de descendre. Pendant que je prélude à mon
déménagement, une explosion me fait regarder par
la fenêtre, et j'aperçois un soldat renversé. Je
m'élance et j'arrive à temps pour aider à le relever. C'était le premier. Je disais aux Prussiens
intérieurement : « Allez ! maintenant vous pouvez
marcher : je suis à mon poste. »

Je n'étais pas le seul. Bien que le brouillard eût

9

favorisé les manœuvres de l'ennemi et ne permît guère de pointer nos pièces, les officiers d'artillerie montèrent sur le rempart et se préparèrent à répondre. En l'absence du capitaine Masse, qu'on nous avait enlevé pour lui donner la charge de commander une batterie montée, et du capitaine Vailhen qui avait reçu un commandement à la Briche, les deux jeunes lieutenants Humbert et Étienne mirent en mouvement leurs braves soldats et firent charger. L'artillerie de la mobile, de son côté, se tint en garde, et nos jeunes gens ne firent pas mauvais visage à leurs officiers. Du reste, le capitaine Pélissier, de l'École des Mines, et ses lieutenants Barbier et Barse, de l'École centrale, ne semblaient pas du tout embarrassés de leur rôle à ce moment si grave. La direction de cette partie principale de la défense reposait en dernier ressort sur deux militaires qui avaient depuis longtemps la connaissance de leur arme et surtout l'expérience du combat, le commandant Livache-Duplan, et le capitaine-adjudant Jung.

Les sapeurs du génie, déjà occupés des travaux de préservation, redoublaient d'ardeur, et leur capitaine Kienné se disposait à les soutenir de son activité et de son rare sang-froid.

Inutile de dire que l'ambulance fut admirablement organisée par le chirurgien-major Jacolot.

Le Colonel commandant du Fort, après s'être assuré que tout le monde était prêt, établit ses communications avec tous les chefs de service, et, en attendant de plus graves accidents, nous nous permîmes de déjeuner. Mais, je l'avoue, je n'étais qu'à moitié rassuré sur la réserve des Prussiens à notre endroit. Quelques minutes après que nous étions sortis de table, un obus arriva le plus indiscrètement possible, sur notre buffet, et y commit de notables désordres. Je soupçonne même un peu les lignards cachés sous un abri voisin qui accoururent à l'explosion, d'avoir été de connivence avec ce voleur d'obus, car après son passage ce que nous gardions de provisions et surtout de desserts (désastre irréparable!) avait été pulvérisé. On n'en put retrouver trace.

Un petit éclat vint atteindre légèrement à l'épaule le jeune ingénieur électricien Alfred Boas, qui veillait si bien à l'organisation de notre table, et que ses camarades appelaient en riant le *Duc de la lanterne* à cause de ses fonctions d'éclaireur.

Mais le ciel s'était découvert. On apercevait du rempart, avec la longue vue, les batteries prussiennes qui faisaient leur partie d'un formidable con-

cert. Des buttes d'Orgemont, de la butte Pinson, de
Montmorency, de Deuil, de Pierrefite, de Stains, de
Dugny, de Garges, du Bourget, les gros instruments du facteur Krupp élevaient leurs gueules
enflammées et servaient à Saint-Denis et aux forts
qui le protégent la musique la mieux nourrie. La
Briche surtout avait affaire à forte partie. Six batteries, quelquefois huit, tiraient sur ce malheureux
nid à bombes qui, dominé par toutes les hauteurs
voisines, ne perdait pas un coup. La Double-Couronne, sans casernes et presque sans casemates,
souffrait assez dans ses escarpes et ses parapets. Du
reste, tout ce qui ne portait pas sur ces deux forts
arrivait à Saint-Denis. Les maisons de plâtre de cette
ville d'usines étaient percées comme des écumoi-
res. L'Abbaye recevait de terribles éclats dans ses
verrières ; l'église nouvelle était criblée. Plusieurs
maisons brûlaient ; l'hôtel de la sous-préfecture où
résidait l'Amiral semblait un des points affectionnés
par le tir des Prussiens, et tout l'état-major dut
s'établir dans les caves comme le reste de la population.

Néanmoins l'amiral de la Roncière n'hésitait pas
à sortir et à visiter chaque jour les points bombar-
dés. Il vint au Fort de l'Est dès la première journée

et monta sur le rempart avec nos officiers. On y était
fort mal. Le feu avait pris des proportions plus que
désagréables. Bien des ouvrages souvent projetés et
dont on remettait toujours l'exécution faisaient défaut à ce moment-là, par exemple les galeries sous
les talus qui ne furent percées que pour la fin du
bombardement. Quelques-uns de ceux qui existaient
ne rendaient pas les services qu'on en avait attendus.
Nos pièces, prises sous des feux croisés presque à
angle droit, étaient mal défendues par leurs traver-
ses trop légères dans les coups de flanc, et les parapets trop bas abritaient mal les artilleurs ; quand
le projectile les prenait de face et en plongeant, il
venait tomber presque sur les plates-formes, ren-
voyant les éclats sur les hommes et pouvant même
au passage leur enlever la tête, comme cela arriva
à l'adjudant d'artillerie de marine.

Les fossés, profondément gelés depuis longtemps,
lorsqu'ils étaient frappés nous lançaient d'énormes
fragments de glace, qui risquèrent souvent de blesser
dans l'intérieur de la cour. Pour les casernes, il ne
fallait pas songer à y rester, si ce n'est au rez-de-
chaussée du Grand-Quartier qui était blindé, et
encore les obus entraient-ils latéralement par les
fenêtres pour visiter les lignards.

Le commandant d'artillerie Livache-Duplan, qui s'inquiétait peu de l'effet de cet orage, continuait à écrire ses rapports dans son bureau ordinaire. Un obus frappa le mur juste à la hauteur de sa tête et le couvrit de gravats.

Restaient les abris dressés contre les murs des pavillons et dans le milieu de la cour. Le bataillon des mobiles s'y était établi, et, n'ayant rien autre chose à faire qu'à se garantir du bombardement, il s'y crut en sûreté. Les premiers coups obliques ne traversèrent pas la terre et les fascines qui les couvraient ; mais, quand l'abri fut frappé normalement, rien ne résista, et nos pauvres jeunes gens payèrent cher les expériences du tir des nouvelles armes. Un seul coup en renversa cinq dont deux furent tués. Plusieurs autres étaient atteints dans les casemates dont les portes faisaient face aux obus et que le même système de protection ne défendit pas davantage.

Les blessés affluaient à notre petite ambulance ; le service médical était surchargé. Mais le docteur Jacolot, assisté de ses trois aides, avec le concours du chirurgien de la ligne et de notre excellent ami Homolle, major de la mobile, qui se multipliaient, faisait tête à la besogne et ramenait à la vie ceux qu'y retenait encore un lien prêt à se briser.

Qu'elle était triste et consolante à la fois, dans ce moment, la mission de ces hommes dévoués ! Quand, sous le feu redoublé de l'ennemi, un cri retentissait, un appel douloureux nous était jeté, nous sortions de l'ambulance pour ramener nos blessés ou porter nos morts. Cette première journée fut longue et pénible ; nous eûmes six tués et vingt blessés. A plusieurs reprises, nos artilleurs furent atteints sur le rempart, et, chaque fois, je remarquai un moment d'arrêt, presque d'abattement, parmi ceux qui les entouraient. Mais à la voix des chefs ils se reprenaient avec audace à manœuvrer et à charger leurs lourdes pièces, et ils renvoyaient aux Prussiens leur monnaie. Pour diminuer les accidents, le Colonel fit placer sur la courtine deux matelots qui, avec leurs yeux exercés, saisissaient le coup du départ des batteries ennemies et en avertissaient immédiatement le Fort afin que chacun des passants cherchât un refuge, soit contre les talus, soit dans les casemates. Ils criaient d'abord : Gare la bombe ! mais l'Amiral, prévoyant la fatigue d'un tel service de vigie, leur envoya un cornet semblable à ceux des gardes-barrières du chemin de fer, et cette note perçante prévint bien des malheurs.

Lorsque la nuit fut venue, le feu ennemi se ralentit. Nous avions reçu cinq ou six cents obus, chiffre qui devint notre ration quotidienne pendant le bombardement.

Alors le tir des Prussiens, en diminuant d'intensité, changea de direction ; il battit spécialement la porte, le pont-levis et les abords du Fort, sans doute pour gêner le service des approvisionnements et le mouvement des troupes.

Les bombes continuaient à tomber sur Saint-Denis ; des usines qui étaient employées depuis le siége à la mouture de la farine furent incendiées avec intention évidente : sur quoi les Prussiens n'étaient-ils pas renseignés ! Notre bataillon de mobiles, que l'on s'était décidé à renvoyer en arrière d'Aubervilliers, se répandit un peu partout où il se crut à l'abri et coucha sur le pavé. Pour moi, je m'étendis vers onze heures sur un lit à l'ambulance, avec les chirurgiens, pour être en mesure de continuer à nos blessés les soins qu'ils réclamaient, et je n'écoutai plus le bruit de l'artillerie qui poursuivit sans relâche l'échange de sa conversation.

Le lendemain les mobiles nous quittèrent. Nous étions heureux de les voir soustraits à un inutile danger ; mais nous regrettâmes ces bons jeunes gens qui avaient eu leur large part des misères de la guerre dans notre Fort, et qui nous laissaient les cadavres de plusieurs de leurs frères.

Pendant cette journée du 22, Paris fut encore troublé par l'émeute, et le sang français coula par une seconde tentative de désordre pour l'établissement de la Commune. Nous l'ignorâmes au Fort.

Le soir de ce jour, moins cruel pour nous que le précédent, il me fallut ensevelir les corps de ces braves enfants dans le chemin couvert. Par les soins du capitaine du génie, déjà si occupé à loger les vivants, une fosse avait été creusée et des cercueils préparés. Vers huit heures du soir, le triste cortége franchit le pont-levis. Deux sapeurs portaient des lanternes, quatre autres roulaient la petite voiture funèbre, le capitaine et moi fermions la marche. Le vent du nord soufflait ; la neige était glacée sous nos pas. On trébuchait à tout instant dans les trous creusés par les projectiles ; le ciel n'était éclairé au loin que par les incendies du bombardement. Pendant notre court trajet, plusieurs obus passèrent sur nous et éclatèrent à quelques mètres au delà sur le glacis. Nous déposâmes dans leur triste demeure nos pauvres compagnons de peine. Je dis aux assistants quelques mots d'encouragement et d'espérance, et je récitai les prières des morts ; puis une croix fut plantée sur la tombe, et nous rentrâmes sans nous parler.

Ce soir-là, je m'établis dans ma petite cellule à la casemate des principaux officiers. C'était simplement un bijou. L'espace avait été habilement divisé par des cloisons en planches garnies de portes qui se faisaient face comme en un corridor de monastère. Un poêle au milieu, et la grande table en un coin, tout s'adaptait à la perfection. Les malheureux couchés sur les sacs à terre, dans les galeries de mine, sous la voûte d'entrée, ou entassés dans tous les coins, admiraient et enviaient notre séjour. On se réunissait pour les repas. Les Prussiens, sans aucune espèce d'égard, ébranlaient les murailles autour de nous. Un obus même jeta sur la table des éclats de verre et de mortier de la lucarne du fond, qui fut brisée. Le capitaine du génie, qui avait l'habitude de se promener toute la journée sous le feu avec une sérénité stoïque, quitta le dîner pour aller constater la direction du coup, au risque d'en recevoir plusieurs autres, et nous continuâmes notre causerie. On se permettait même de plaisanter, et, quand l'on s'était retiré dans *ses appartements*, les jeunes officiers d'artillerie risquaient le mot pour rire, en attendant que leur heure fût venue de retourner au bastion.

Pour moi, je trouvai encore le moyen de réfléchir, de prier et d'écrire quelque peu dans cet étroit séjour. Je pus même y donner plus d'une consolation à de jeunes âmes troublées. L'aspect de la mort frappant si près de nous a son genre de persuasion, et je bénis Dieu de ce qu'il inspirait de salutaires résolutions à des cœurs chrétiens en ces durs moments. Du reste, il faut le dire une fois pour toutes, les soldats ont toujours bien accueilli notre ministère, et, dans ces heures pénibles, il nous a été donné de recevoir de bien touchantes confidences et des preuves d'affection. Je crois être d'accord sur ce point avec l'ensemble des aumôniers : l'armée a témoigné d'un constant respect pour la religion durant la campagne, et, loin de repousser les consolations de la foi, en voyant le prêtre dans ses rangs aux instants les plus critiques, elle lui a gardé un sympathique souvenir.

Après les mobiles, ce fut le 134ᵉ de ligne qui nous quitta. Il fut remplacé par un autre bataillon du même régiment et toutes ces manœuvres sous le feu de l'ennemi ne s'opérèrent point sans inconvénient. Ces soldats, ne connaissant ni le Fort ni la direction des coups reçus, allaient s'y exposer avec une désespérante naïveté. Ils fournirent leur contingent de morts et de blessés, malgré nos efforts pour leur enseigner ce que le docteur appelait ma *théorie des obus*.

Cependant les jours s'écoulaient, et le bombardement, loin de diminuer, semblait devoir redoubler d'intensité. De nouvelles batteries se démasquaient en avant du village de Stains, plus rapprochées de nous que les autres. Le terre-plein de nos bastions était fouillé comme un champ visité par d'énormes sangliers. Plusieurs de nos canons avaient reçu des coups qui les rendaient inutiles, et même une pièce de 16 de marine avait éclaté. Par précaution, on renforça nos poudrières à l'intérieur avec des sacs à terre sur une épaisseur de trois mètres.

Les Prussiens s'acharnaient sur le bastion 2 où plusieurs hommes furent blessés, entre autres notre jeune lieutenant de marine Humbert, ce qui, dans le premier moment, nous causa une vive inquiétude. Heureusement la blessure n'était pas grave. Son collègue, Étienne, soutint vaillamment sa batterie et continua avec une ardeur toute militaire à braver un feu infernal.

La grosse pièce de 19, *Jeanne d'Arc*, servait aussi de point de mire aux ennemis qui semblaient réfléchir un peu plus longuement après chacun de ses coups. Auprès d'elle, se tenait le matelot signalant l'arrivée des obus. Je montais à son côté pour regarder les ouvrages prussiens, mais la vue était fort dérangée par le passage des projectiles qui, à certains moments, rasaient la crête du parapet au nombre de quatre ou cinq par minute. Une fois, à cet endroit, le lieutenant Barbier fut atteint légèrement au bras par un petit éclat; le brave *mathurin* lui-même roula sur la terre violemment soulevée derrière lui, et il ressentit une brûlure causée par les matières inflammables sorties d'un obus à tubes de cuivre. Je descendis pour tranquilliser le blessé qui se laissa soigner sans trop s'émouvoir, et je continuai ma tournée sur le bastion 3.

Celui-ci était le domaine de nos artilleurs favoris de la mobile. Ils payaient aussi leur tribut à la défense du Fort. Comme j'arrivais près d'eux, un malheureux coup d'embrasure en renverse trois. L'un avait le corps coupé presque entièrement par le milieu, l'autre était assez grièvement atteint, le troisième, le maréchal-des-logis Fontaine, malgré

ses vêtements déchirés, n'était que contusionné et
complétement étourdi. Quand il eut repris le sentiment de la situation et vu le danger auquel il
avait échappé, ce jeune homme chrétien se jeta
dans mes bras par un mouvement instinctif de joie,
en s'écriant : « Ah ! monsieur l'aumônier, c'est
Dieu qui m'a sauvé !... »

Nos blessés, joints à nos malades, encombraient
l'ambulance qui, comme je l'ai dit, était petite, et
nous réclamions en vain de l'Intendance militaire
et des ambulanciers de la Presse des voitures pour
les évacuer. On avait trop à faire ailleurs.

Le 24, après quatre jours de bombardement, à
huit heures du soir, il nous arriva pourtant deux ta-
pissières envoyées par l'Intendance. Je les rangeai
sous la voûte d'entrée en leur recommandant de ne
pas dépasser l'alignement de la cantonnade. A peine
les ai-je quittées pour aller chercher mes infirmes,
qu'un obus arrive, rase mon chapeau et éclate à deux
pas derrière moi. Les sapeurs qui étaient à l'entrée
de la galerie du talus me crient : « Êtes-vous blessé,
monsieur l'aumônier ? — Non, » dis-je ; et je me re-
tourne. Le cheval de la première voiture, frappé à la
tête par les éclats, tombait dans une mare de sang.
Nos pauvres amis furent réduits à un seul véhicule,

et nous leur souhaitâmes un bon voyage par ces chemins dangereux.

Le lendemain 25, dans l'après-midi, au moment où le feu était le plus vif, je m'entendis appeler sur le rempart où j'étais allé faire une petite visite. C'étaient des membres de la Société Internationale qui étaient venus à notre aide.

Ils avaient bravement traversé la cour et m'attendaient à l'ambulance. Je les remerciai et je regrette d'avoir oublié le nom de tous ceux qui étaient là. Je répète du moins avec reconnaissance celui de M. Dommartin, juge au tribunal de la Seine. Sans être chamarré de galons, il justifiait bien par son sang-froid la décoration de la Légion d'honneur attachée à sa boutonnière. Ces Messieurs avaient des voitures admirablement conditionnées et toutes sortes d'objets commodes pour des transports délicats. Ils se chargèrent même de nos morts qui furent ensevelis dans le cimetière de la plaine Saint-Denis, auprès de la chapelle Sainte-Geneviève.

Le sixième jour du bombardement, à l'exception de certaines têtes un peu exaltées, ou de quelques caractères toujours maîtres d'eux-mêmes et calmes à perpétuité, un ennui sensible, un sentiment de lassitude se peignait sur les visages.

Je me fais une idée de ce qu'ont dû éprouver les habitants de Strasbourg, par exemple, pendant un siége aussi long que pénible, quand je me reporte à mes impressions du Fort après ces quelques jours de fatigue et d'émotions poignantes. Nous ne savions guère ce qui se passait en dehors de notre enceinte, si ce n'est que les forts voisins de la Briche et de la Double-Couronne en avaient tant qu'ils en pouvaient supporter. On cherchait comment tout cela allait finir.

Dans l'après-midi, nous vîmes l'ennemi amener en avant de Stains des pièces de campagne pour battre en brèche. Que signifiait ce mouvement? Devions-nous nous attendre à un assaut pour la nuit suivante? Les officiers commençaient à se faire des communications à voix basse. Des lignards, que je trouvai groupés dans un coin et qui n'étaient pas rassurés, me demandèrent confidentiellement si, dans le cas d'une surprise, le Colonel ne ferait pas sauter le Fort plutôt que de le remettre à l'ennemi... Évidemment il y avait quelque chose de plus grave, dans notre situation déjà si sérieuse pourtant...

XII

Vers dix heures du soir, dans notre casemate, on porta au Colonel une dépêche télégraphique. Nous étions tous anxieux. « Messieurs, dit-il, voici du nouveau :

« A minuit, suspension d'armes sur toute la ligne. « M. Jules Favre part pour Versailles. »

Le Colonel engagea les officiers d'artillerie à cesser leur feu inutile désormais. Les Prussiens continuèrent à tirer jusqu'à minuit. Toujours la même délicatesse de procédé.

La nouvelle répandue dans le Fort y produisit une détente bien naturelle. Quelques esprits, plus résolus sans doute que la généralité, ou plus portés à réagir promptement, en furent irrités. Ils ne compre-

10

naient pas que la guerre cessât quand il y avait encore des munitions dans les poudrières. Pour moi, j'étais triste de penser que nous allions être obligés de céder à nos adversaires, mais je me disais qu'au point où nous en étions venus, il était sans doute impossible de prolonger la résistance, surtout par défaut de vivres, et que nous n'avions plus à compter sur un secours du dehors.

Dès le petit jour, je courus à Saint-Denis. Personne dans les rues. Une grande partie des habitants s'étaient réfugiées à Paris. Le reste logeait dans les caves. De chaque soupirail sortait un tuyau de poêle. Quelques gamins, de l'âge où l'on est sans pitié, flânant le long des trottoirs, enlevaient de temps à autre cette cheminée improvisée, criant d'une voix attendrie par l'ouverture: « Hé! madame Bertrand, ça fume-t-il chez vous? » L'armistice n'était pas encore connu du plus grand nombre; ils restaient abrités attendant la reprise du bombardement.

La ville offrait un aspect lamentable. Des maisons ruinées ou incendiées de toutes parts, des murs perforés, la chaussée obstruée de tuiles et de plâtras. Le curé de Saint-Denis vint à passer enfermé dans un triple cache-nez, la barbe négligée et de l'air d'un déterré. Il débouchait du sous-sol de son église qui avait été largement partagée dans la distribution, et il n'en était sorti que pour administrer des malades et enterrer les morts, à ses risques et périls. J'allai serrer la main à mes amis, tous faits comme des voleurs. Après six jours et six nuits de cave, on était heureux de se revoir en vie, mais désolé d'une fin désormais inévitable, la capitulation.

Dans l'après-midi je me rendis à Paris. Là se traduisaient sur une plus vaste échelle les impressions si opposées produites par l'événement du jour. Les patriotes ordinaires se rangeaient à l'idée que devant l'impossibilité à laquelle on s'était laissé acculer, il n'y avait qu'à souhaiter d'en finir au plus tôt et de terminer d'aussi cruelles souffrances. Les patriotes *di primo cartello* criaient bien haut à la trahison, et les meneurs qui avaient raté déjà deux ou trois fois leur coup attisaient le feu pour le 18 mars suivant.

La garde nationale donnait là-dedans le mieux du monde. De braves gens, qui avaient porté si longtemps un fusil sans se douter du bruit qu'il pouvait faire en partant, ne comprenaient pas qu'on leur eût laissé toutes leurs cartouches. Au fond ils avaient raison. Le gouvernement s'aperçut, après tous les gens sensés, et par conséquent trop tard, de la faute énorme qu'il avait commise d'armer une semblable troupe pour ne pas la faire combattre, et surtout de ne l'avoir pas désarmée aussitôt la guerre finie. Je n'entendais sur mon passage que ce refrain : « Trahis, vendus ! Vendus, trahis ! » Je ne répondais rien et passais à l'ordre du jour.

Quand les négociations furent terminées, tous les commandants et officiers supérieurs ayant été convoqués, nous fûmes prévenus que les forts de l'est et du nord de Paris seraient rendus avec leur armement. Ceci fut plus particulièrement pénible. Déjà on avait descendu les plus belles pièces des remparts. L'ennemi le découvrit et réclama. Il fallut les remonter. Je vis de vieux militaires essuyer une larme à ces dures conditions. Mais nous n'étions qu'un atome dans l'ensemble, nous devions suivre le mouvement général. Le dimanche 29 janvier, vers huit heures du matin, un télégramme nous fut communiqué. Le Fort devait être évacué et livré aux Prussiens avant midi.

Alors commença notre triste exode. Pas de voitures pour charger nos effets, quelques prolonges d'artillerie seulement : un pêle-mêle, un remue-ménage, un chaos! Que d'objets perdus à ce moment! Que d'autres qu'il fallut abandonner et qui avaient une véritable valeur, comme les caisses de l'ambulance avec tout le matériel et les instruments, les vivres qui restaient encore à la manutention, notre vin... Je crois cependant (me pardonnent les artilleurs) qu'ils en emportèrent une partie avec eux, car ils témoignaient d'une émotion plus que patriotique. En vérité ne pouvaient-ils pas chercher à noyer un tel chagrin?

Le capitaine commandant de place qui avait son logement au Fort avant la guerre ne se consolait pas de recevoir ainsi son congé. On le renvoyait de chez lui, après tout. Mais le plus désolé était le portier-consigne, dont les obus avaient violé le domicile sans demander le cordon, s'il vous plaît! Revêtu de son habit d'ordonnance que nous ne connaissions pas encore, l'épée au côté, il s'agitait d'un air presque tragique. « Me voyez-vous, monsieur l'aumônier, disait-il, à mon âge, après mes longs services, obligé de rendre les clefs du Fort à l'ennemi! » Pour tâcher de le calmer, je lui offris pour son ménage tout le matériel de notre table, composant un service d'arlequin, et je gardai de son attachement un très-bon souvenir.

Le bataillon de la ligne ouvrit la marche, conduit par le colonel Chaubert. L'artillerie de marine et le génie prirent leurs rangs et défilèrent avec armes et bagages, mais, hélas ! sans les canons. L'artillerie de la mobile terminait la colonne. Je passai devant nos défenseurs qui me saluèrent d'un regard ou d'un mot sympathique, et bien des poignées de mains furent échangées. Un sentiment commun nous avait unis dans le péril, il nous suivait au moment des adieux. Enfin, le colonel Sentupery sortit du Fort, et il n'y resta que les trois ou quatre personnes désignées par la convention pour en faire la remise à l'ennemi.

La population de Saint-Denis était muette sur notre passage. Nous nous retournâmes une dernière fois pour regarder le drapeau français qui allait disparaître, et nous marchâmes le cœur serré.

Après une longue route, que je tins à parcourir à pied comme les soldats, nous entrâmes dans Paris par la porte de Clichy, et l'on désigna pour la partie des troupes que je suivais, les postes-casernes des bastions voisins.

Alors il fallut se séparer décidément de nos amis, et nous nous promîmes de ne pas nous oublier. Je tiens ma promesse.

TABLE

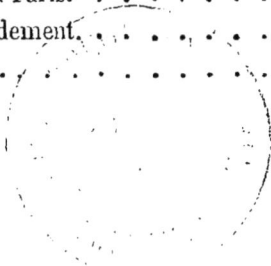

PARIS. — IMP. SIMON RAÇON ET COMP. RUE D'ERFURTH, 1.

CARTE DRESSÉE POUR LES SOUVENIRS DU FORT DE L'EST, 1870-1871.

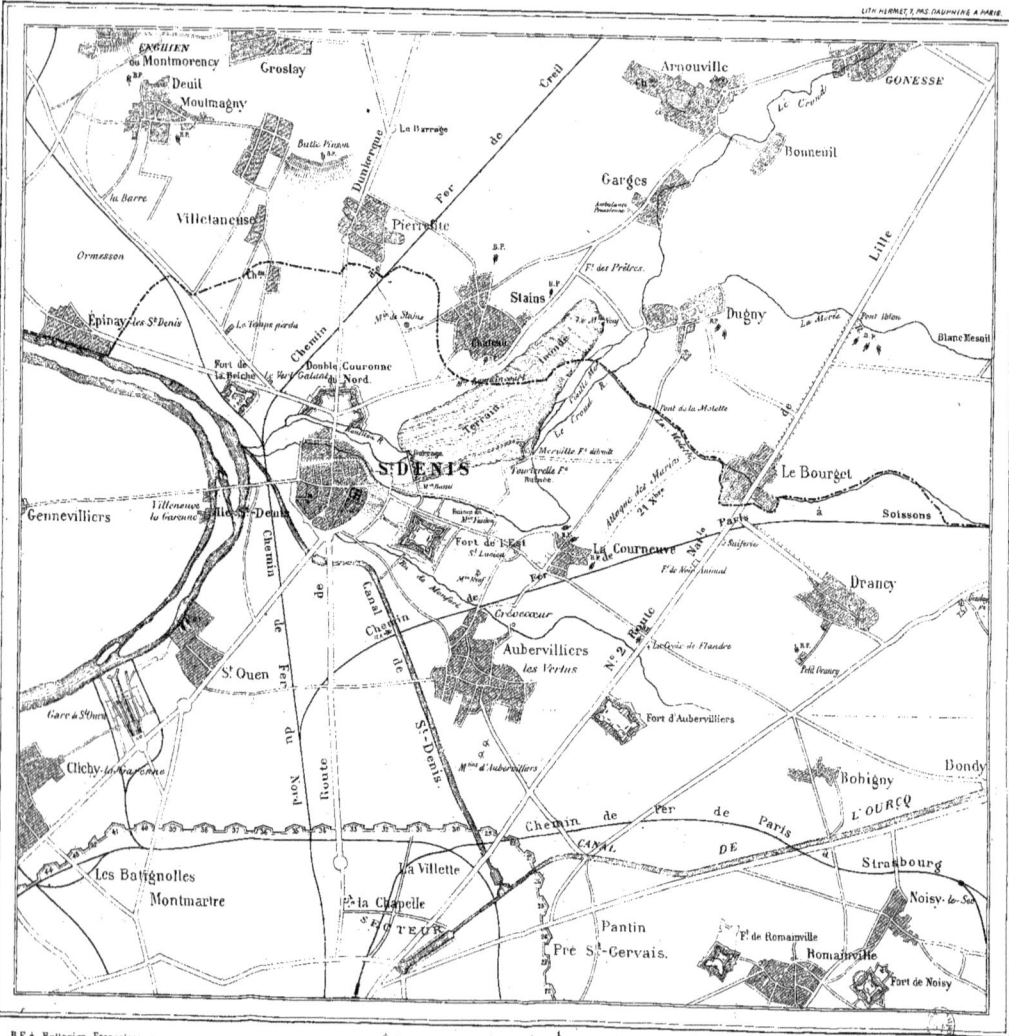

B.F. ⚫ Batteries Françaises.
B.P. ⚫ Batteries Prussiennes.

Échelle en Millimètres ($\frac{1}{40,000}$)

⎯ ⎯ ⎯ Lignes Prussiennes.